Das Leben leben!

„Man muss das Leben lieben, um es zu leben,
und man muss es leben, um es zu lieben."

Thornton Wilder

Hans Piron

Das Leben leben!

Der Weg zu einem **l(i)ebenswerten** Leben

tao.de

1. Auflage 2016

Hans Piron: Das Leben leben! –
Der Weg zu einem l(i)ebenswerten Leben
Lektorat: Natalie Nicola
Umschlaggestaltung und Satz: KleiDesign
Covermotiv: MEV, bearbeitet Wilfried Klei
Autorfoto: Peggy Lehmann Zur Hausen, Neuwied
Printed in Germany

Verlag: tao.de in J. Kamphausen Mediengruppe GmbH, Bielefeld,
www.tao.de, eMail: info@tao.de

Bibliografische Information
der Deutschen Nationalbibliothek
Die Deutsche Nationalbibliothek verzeichnet diese
Publikation in der Deutschen Nationalbibliografie;
detaillierte bibliografische Daten sind im Internet
über **http://dnb.d-nb.de** abrufbar.

ISBN Paperback: 978-3-95802-944-6
ISBN Hardcover: 978-3-95802-945-3
ISBN E-Book: 978-3-95802-946-0

Dieses Buch widme ich meinem Enkel

Nicolas

als Begleiter auf seinem Lebensweg

„Man muss das Leben lieben, um es zu leben,
und man muss es leben, um es zu lieben."
Thornton Wilder

Einleitung: Das Leben leben!

Ich hatte eigentlich nie vor, ein Buch zu schreiben, weil ich glaubte, dass ich nichts wirklich Neues schreiben könnte, was nicht bereits in anderen Büchern vermittelt wird. Und dann las ich dieses Zitat von Thornton Wilder, dass man das Leben wirklich leben muss, damit man es lieben kann. Was aber bedeutet das, „wirklich zu leben"? Mir wurde bewusst, dass seit über 20 Jahren Menschen zu meinen Seminaren kommen, die erfahren wollen, was das bedeutet, besser gesagt, was es bedeutet, wirklich *selbst* zu leben und nicht von der Außenwelt und seinen Konditionierungen gelebt zu werden.

Das Feedback, das ich nach den Seminaren bekommen habe, hat mir gezeigt, dass es möglich ist, das nachzuholen, was man eigentlich in der Kindheit hätte erfahren müssen, nämlich seine Natur als Mensch auf dieser Welt wirklich zu leben. Das Alter spielt dabei keine Rolle. Es ist nie zu spät.

Wenn Sie bereit sind, Ihr Leben und Ihre Lebensweise neu zu überdenken und zu erfahren, wie Sie mehr Einfluss auf Glück und Zufriedenheit in Ihrem Leben nehmen können, dann lassen Sie sich von diesem Buch inspirieren, Ihr Leben so zu leben, dass Sie es lieben. Was man liebt, macht glücklich! Sobald Sie sich bewusst gemacht haben, was Sie im Leben unzufrieden und unglücklich macht, wird es möglich, das zu ändern.

Im ersten Teil zeige ich Ihnen, dass viele Menschen, vielleicht sogar die meisten, meinen, dass sie erwachsen sind. Sie sind es aber nicht. Ein wesentliches Kriterium, das den reifen Erwachsenen vom Kind unterscheidet und ihn daher als solchen qualifiziert, ist, dass er selbst die Verantwortung für Glück und Zufriedenheit in seinem Leben übernimmt und nicht von anderen erwartet, dass sie das tun. Wurden in der Kindheit bestimmte Grundbedürfnisse wie Liebe und Anerkennung nicht ausreichend oder gar nicht erfüllt, hat sich daraus häufig eine Bedürftigkeit entwickelt, eine Sucht, sich diese Bedürfnisse von anderen erfüllen zu lassen. Das aber führt in eine ähnliche Abhängigkeit, in der auch das Kind gelebt hat. Es sind die Verletzungen der Kindheit, die im Erwachsenen weiter wirken und zu Problemen in seinen Beziehungen führen. So wird etwa der Partner für Schmerzen aus alten Wunden verantwortlich gemacht. In diesem Buch lernen Sie Wege kennen, um allmählich die Verantwortung für Ihr Glück und Ihre Zufriedenheit selbst zu übernehmen und sich so weitgehend aus diesen Abhängigkeiten zu befreien.

Erwachsen zu sein bedeutet nicht, dass man damit eine Garantie dafür hat, jetzt völlig glücklich und zufrieden mit Allem sein zu können. Was sich ändert ist die Bereitschaft, die Verantwortung dafür selbst zu übernehmen. Oft sind es Lebenskrisen in Beziehungen, im Berufsleben oder generelle Unzufriedenheit mit dem Leben, die mit Fragen nach dem Sinn des Lebens einhergehen. Man könnte es als eine Art von Erwachen bezeichnen, das da plötzlich stattfindet. Es stellen sich Fragen wie „Wer bin ich?", „Wozu bin ich hier?", „Was stimmt in meinem Leben?", „Was schreit nach Veränderung?" Im zweiten Teil steht daher die Frage im Vordergrund, wer Sie im Kern Ihres Seins wirklich sind. Besteht darüber Klarheit, wer oder was man nicht ist, hat man sich diesem Kern bereits genähert. Wird man sich bewusst, dass da in einem ein Bild existiert, von dem man glaubt, es zu sein, wird man dieses Bild weiter erforschen wollen. Dieses Bild wird auch als das Falsche Selbst bezeichnet, das aus zahlreichen falschen Identitäten und Rollen besteht. Im Prozess, der die Bereitschaft erfordert, sich von Vorstellungen und Bildern zu lösen, ist der Weg frei für die Erfahrung dessen, was man im Kern wirklich ist, dem Wahren Selbst.

Es gibt unendlich viele Menschen, die viele Bücher wie dieses hier lesen und ständig Workshops besuchen. Die Erkenntnisse und auch tiefen Einsichten, die Sie gewinnen, bewirken jedoch keine nachhaltigen Veränderungen in ihrem Leben. Der Alltag mit seinen Anforderungen, alte Verhaltensmuster und Glaubensmuster, übernehmen schnell wieder die Macht. Es fehlt an Ernsthaftigkeit, an Willenskraft, vor allem aber an Wachheit, um eine nachhaltige Wirkung zu erreichen. Um mehr Klarheit zu gewinnen und das ausfindig zu machen, was nach Veränderung drängt, zeigt Ihnen Teil 3 den Lebensweg in einzelnen Segmenten auf. Sie können sich ganz praktisch bewusst werden, wo Sie gegenwärtig stehen und was Sie entwickeln wollen. Ich zeige Ihnen mögliche Hindernisse sowie auch die Qualitäten auf, die Sie brauchen, um sie zu überwinden. In jedem Abschnitt finden Sie Fragen, die Ihnen dabei helfen sollen, sich bewusst zu werden, was Sie sich für Ihr Leben wünschen und wie Sie die Veränderung nachhaltig in Gang setzen können. Gewinnen Sie Erkenntnisse und Einsichten in Ihr Leben und beginnen Sie, Ihr Leben so zu leben, dass Sie es lieben können und überwiegend glücklich damit sind.

Teil 1
Endlich erwachsen werden

1. Das Innere Kind

Der Begriff „Inneres Kind“ wurde vor allem geprägt durch Erika J. Chopich und Margaret Paul „Aussöhnung mit dem inneren Kind“ (1993) sowie John Bradshaw „Das Kind in uns“ (1992). Die Bezeichnung bezieht sich sowohl auf die Ursprünglichkeit in uns als auch auf die Erfahrungen, die wir in der Kindheit gemacht haben. Der Begriff hat zwei Seiten. Auf der einen steht das natürliche Verhalten des Kindes, das im Erwachsenen wieder lebendig wird: Unbekümmertheit und Ausgelassenheit, Staunen und Begeisterungsfähigkeit. Leider gehen gerade diese Qualitäten des Kindes im Erwachsenen häufig verloren. Gelingt es uns hier, im Kind zu sein, hat das überwiegend positive Auswirkungen auch auf andere. Ein Mensch, in dem die positiven Seiten des „Inneren Kindes“ lebendig sind, lacht gerne und kann sich riesig über alles Mögliche freuen, eben wie ein Kind. In der Gegenwart eines solchen Menschen hält man sich gerne auf. Auf der anderen Seite ist das „Innere Kind“ aber auch eine Bezeichnung für die Verwundbarkeit des erwachsenen Menschen. Je nachdem, was er als Kind erfahren hat und was ihm gefehlt hat, hat das Auswirkungen auf seine heutigen Beziehungen, nicht nur mit anderen, sondern auch mit sich selbst.

Die Verletzungen aus der Kindheit sind weiterhin wirksam. Sie brechen als nicht verheilte innere Wunden immer wieder auf, sobald der Erwachsene durch andere berührt wird, insbesondere durch die, die ihm viel bedeuten, oder nahe stehen. Der Schmerz, den er als Kind empfunden hat, taucht wieder auf.

Das, was dem Kind gefehlt hat, was es gebraucht hätte, um sich auf dem Weg zum erwachsenen Menschen zu entwickeln, wird nun als Defizit empfunden: Mangelnde Liebe, vermittelt durch geringe Zuwendung und Interesse. Der unerfüllte Wunsch, wahrgenommen und bestätigt zu werden. Die Wunde, die dadurch entstanden ist, dass man wenig anerkannt und vielmehr ständig kritisiert wurde. Die gefühlten Defizite zeigen sich im Erwachsenen in einer Erwartungshaltung anderen gegenüber, die sie aber nur bedingt oder gar nicht erfüllen können.

Im Erwachsenen werden die dem Kind nicht erfüllten Bedürfnisse zur Bedürftigkeit, die ihn unfrei und abhängig macht. Er braucht andere Menschen, die ihm jetzt das geben sollen, was er als Kind nicht bekommen hat.

Die meisten Menschen sind häufig mit ihrem „Inneren Kind“ identifiziert, ohne sich dessen bewusst zu sein. Es ist zum Beispiel dann der Fall, wenn sie sich durch etwas verletzt fühlen.

In meinen Workshops zum Thema „Inneres Kind“ habe ich viele Menschen und ihre „Inneren Kinder“ kennenlernen dürfen und mit ihnen gearbeitet. Meine Erfahrungen sind es, die mich dazu angeregt und motiviert haben, dem Thema den ersten Teil dieses Buches zu widmen.

„Endlich erwachsen werden“, das wäre vielleicht sogar der bessere Titel für das „Innere Kind“ gewesen. Aber für ein Seminar mit diesem Titel hätte sich wahrscheinlich kaum jemand interessiert.

Was bedeutet es, wirklich erwachsen zu werden? Und weshalb fällt es uns so schwer? Um sich in natürlicher Weise als Mensch entwickeln zu können, müssen wir selbst die Verantwortung für Glück und Zufriedenheit im eigenen Leben übernehmen. Nur so überwinden wir unsere Bedürftigkeit und werden unabhängig von dem Wohlwollen anderer.

Wirklich erwachsen zu werden, ist keine leichte, dafür aber eine langfristig umso lohnenswertere Aufgabe.

Das Kind in uns

Der Begriff des „Inneren Kindes“ beschreibt Gefühle und Erinnerungen aus der Kindheit, die im erwachsenen Menschen weiterhin vorhanden sind. Ob die Erfahrungen überwiegend positiv oder überwiegend negativ waren, hat Auswirkungen auf das Selbstbild sowie auf die Verhaltensweisen des Erwachsenen.

In den Momenten, in denen der Erwachsene sich mit dem „Inneren Kind“ identifiziert, kommt er mit Verletzungen in Berührung, die ihm als Kind beigebracht wurden. Auslöser können Worte und Verhaltensweisen anderer Menschen sein. Der Erwachsene spürt den gleichen Schmerz, den er als Kind erfahren hat, weil er in diesem Augenblick wieder mit dem Kind identifiziert ist.

„Inneres Kind“ ist inzwischen zu einem festen Begriff geworden. „Du solltest dich einmal mehr um dein Inneres Kind kümmern“ hat sich als wohlmeinender Ratschlag durchgesetzt, der gerne erteilt wird, wenn ein Mensch etwa eine Trennung erfährt und nun Probleme damit hat, sein Leben ohne diesen Partner weiterleben zu müssen. Sich um das „Innere Kind kümmern“ heißt eigentlich nichts anderes als endlich selbst die Verantwortung für das Glück in seinem Leben zu übernehmen, anstatt sich von anderen abhängig zu machen. Anders ausgedrückt, sich selbst das zu geben, was man sich von anderen wünscht oder von ihnen erwartet. Am schwersten fällt es meist, die Verantwortung für die eigene Verwundbarkeit zu übernehmen, die ihre Wurzeln in den Verletzungen aus der Kindheit hat. Es fehlt das Bewusstsein eines „Inneren Erwachsenen“, der noch nicht ausreichend gelebt wird.

Um die Wunden zu heilen, ist es zentral wichtig, zu erkennen, dass der Partner die Verwundbarkeit/ die Schmerzen durch sein Verhalten zwar auslöst, aber nicht dafür verantwortlich gemacht werden kann. Im Grunde hat er oder sie „nur“ so etwas wie eine Wunde berührt, die bereits in der Kindheit entstanden ist.

Wie befähige ich mich aber nun, selbst Verantwortung für mich zu übernehmen? Zu diesem Zweck haben die Autorinnen von „Aussöhnung mit dem inneren Kind“, Chopich und Paul, neben den Begriff des „Inneren Kindes“ den Begriff des „Inneren Erwachsenen“ gestellt. Dieser „Innere Erwachsene“ soll im erwachsenen Menschen jetzt sozusagen die neue Vater- oder Mutterrolle übernehmen, damit er sich anders verhalten kann, als die wirklichen Eltern es taten. Indem der erwachsene Mensch dem „Inneren Kind“ den neuen „Inneren Erwachsenen“ gegenüberstellt, kann er nun sich selbst geben, was er braucht, um zufrieden und glücklich zu sein. Hatte man als Kind etwa überwiegend das Gefühl, nicht geliebt zu werden, kann der „Innere Erwachsene“ sich genau entgegengesetzt verhalten und das „Innere Kind“ so annehmen, wie es ist. Er begegnet ihm mit der Liebe, die das Kind früher nicht bekommen und das Gefühl entwickelt hat, nicht liebenswert zu sein. Der „Innere Erwachsene“ ist weniger kritisch als es Vater und Mutter waren. Er geht großzügig und verständnisvoll mit dem „Inneren Kind“ um. Je mehr Vertrauen das „Innere Kind“ zu seinem „Inneren Erwachsenen“ gewinnt, desto weiter nimmt die Abhängigkeit von anderen ab. Das bedeutet nicht, dass man sich nicht weiterhin freut, wenn man Liebe von anderen erfährt. Man ist ihrer aber nicht mehr bedürftig.

„Das ist aber nicht einfach!“, höre ich in meinen Seminaren dann immer wieder aufs Neue, wenn ich die Teilnehmer mit dieser Vorstellung Zugang zu ihrem „Inneren Kind“ finden lasse. „Wo soll ich denn diesen liebevollen Erwachsenen in mir finden?“ Und es stimmt. Es mag sofort einleuchten, dass es sinnvoll ist, einen solchen „Inneren Erwachsenen“ heranzubilden. Die praktische Umsetzung gelingt allerdings nicht von heute auf morgen. Es ist ein Prozess, der viel Bewusstheit und Ausdauer erfordert. Doch dazu später mehr.

Falls Sie noch Schwierigkeiten haben, zu erkennen, dass Sie mit dem „Inneren Kind" identifiziert sind bzw. sich dann mit einem „Inneren Erwachsenen" zu identifizieren, dann bitte ich Sie noch um etwas Geduld. Im zweiten Teil erläutere ich Ihnen ausführlich den Unterschied zwischen unbewusster Identifikation und sich bewusst mit etwas identifizieren können.

Das verletzte Kind

Wie entstehen nun aber diese Verletzungen genau? In den meisten Fällen ergeben sie sich, wenn Grundbedürfnisse des Kindes nicht oder nur ungenügend erfüllt werden. Um diesen Bedürfnissen auf die Spur zu kommen, schauen wir uns zunächst einmal an, wann ein Kind sich verletzt fühlt, um daraus die Bedürfnisse abzuleiten.

Diese Bedürfnisse habe ich selbst herausgearbeitet. Die Impulse hierfür gab mir das Modell von Stephen Wollinsky, das ich im zweiten Teil dieses Buches noch ausführlich vorstelle.

Ein Kind fühlt sich verletzt, wenn es

- nicht gesehen, beachtet, wahrgenommen wird.
- sich nicht angenommen fühlt, so wie es ist.
- überwiegend negativ bewertet oder beurteilt wird.
- nicht liebenswert, nicht gut, nicht klug/intelligent oder nicht attraktiv genug zu sein scheint.
- im Vergleich mit anderen überwiegend negativ bewertet wird

Die Verletzungen des Kindes sind es, die dazu führen, dass ein Mensch im Erwachsenenalter verwundbar ist. Von den Eltern oder Bezugspersonen nicht beachtet, geringgeschätzt oder auch ständig kritisiert worden zu sein, löst im späteren Leben schließlich heftige emotionale Schmerzen bei dem Betroffenen aus, sobald dieser Punkt durch einen anderen Menschen berührt wird, der ihm oder ihr nahe steht.

Die Verwundbarkeit bleibt oftmals ein ganzes Leben lang bestehen, sofern man sich die Ursachen weder bewusst macht noch sich den damit verbundenen Abhängigkeiten stellt.

Ein Kind kann sich zum Beispiel auch dann verletzt gefühlt haben, wenn sein Geschlecht nicht dem Wunsch der Eltern entsprach, wenn es eigentlich ein Junge beziehungsweise Mädchen hätte werden sollen. Jedes Kind leidet darunter, wenn es nicht den Erwartungen der Eltern entspricht. Es versucht, die Erwartungen dann doch noch zu erfüllen, indem es sich wie ein Junge oder wie ein Mädchen verhält. Der Erwachsene hat schließlich Schwierigkeiten, die Frau oder den Mann in sich zu leben.

Grundbedürfnisse des Kindes

Die Grundbedürfnisse eines jeden Kindes sind mir in den zahlreichen Einzelgesprächen und Seminaren bewusst geworden, die ich durchgeführt habe. Verletzungen entstehen, wenn sie nicht erfüllt werden. Die Teilnehmerinnen und Teilnehmer berichteten mir immer wieder, dass es ihnen in der Kindheit an Wahrnehmung und Bestätigung gemangelt, ihnen das Gefühl gefehlt habe, o.k. zu sein, so wie sie waren, sie zu wenig Zuneigung bekommen oder wenig Interesse durch ihre Eltern erfahren haben, oder ein Ausdruck von Liebe und auch Anerkennung für das, was man glaubte, gut gemacht zu haben, nicht erfolgte.

In einem Interview antwortete der Dalai Lama auf die Frage, was er für das Wichtigste halte, das man nach der Geburt zu tun habe:

„Ich denke als soziales Wesen, als ein Säugetier, das von der Mutter zur Welt gebracht wird, ist für das Kind zuerst die Mutterliebe wichtig und die Zuneigung der gesamten Familie. Echte Zuneigung ist ungeheuer wichtig. Kinder müssen in einer Umgebung aufwachsen, in dem sie Mitgefühl, Liebe und Fürsorge erleben. Das halte ich für außerordentlich wichtig."

Erleben Kinder keine Fürsorge und Liebe, hat das Folgen, wie der Neurobiologe Prof. Gerald Hüther deutlich macht. Die Erfahrungen des Kindes im Mutterleib beschreibt er in seinem Buch „Die Freiheit ist das Kind der Liebe" als ein „stetes Wachstum". Die oben genannten Grundbedürfnisse entwickelten sich aus der Erfahrung der „Verbundenheit mit der Mutter" nach der Geburt im heranwachsenden Kind. Es wolle sich als individuelles Wesen gemäß seines Potentials entfalten und gleichzeitig im Zustand der Verbundenheit verweilen. Erlebe es diese Verbundenheit nach der Geburt nicht, sei es später schwer, sie mit anderen Menschen zu leben, so Gerald Hüther. Anders formuliert: Wer als Kind wenig oder gar keine Zuneigung, Liebe und Fürsorge erfahren hat, für den ist es später schwierig, sie anderen Menschen zu geben. Die Sehnsucht nach Liebe und Verbundenheit ist zur selben Zeit größer als bei anderen. Sie von anderen einzufordern, kann zu einer Sucht, zu einer Bedürftigkeit nach Wahrnehmung, Bestätigung, Zuneigung und Anerkennung anwachsen. Die fehlende Zuneigung zum Kind führt den Erwachsenen direkt in die Abhängigkeit von anderen hinein. In ihm existiert eine ähnliche Abhängigkeit wie es beim Kind der Fall war. Der Unterschied: Das Kind konnte sich nicht selbst geben, was es brauchte, der erwachsene Mensch dagegen schon, sobald er sich bewusst wird, wonach er sich sehnt und was die darunterliegende Verletzung ist.

Die Grundbedürfnisse noch einmal im Detail. Das Kind braucht:

1. **Aufmerksamkeit** der Eltern und/oder anderer Bezugspersonen. Das Kind will gesehen und wahrgenommen werden. Das bestärkt sein Gefühl von Existenz, vom Vorhandensein auf dieser Welt. Das Kind fühlt sich einbezogen und als ein Teil der menschlichen Gemeinschaft.
2. **Bestätigung**, dass es in Ordnung ist, so, wie es ist. Dem Kind werden so eine gewisse Sicherheit und auch ein Grundvertrauen in sich selbst vermittelt, dass es in der Lage ist, die Erwartungen seiner Bezugspersonen zu erfüllen. Es fühlt sich in seiner Existenz gesichert.
3. **Anerkennung** für das, was es tut und wie es ist. Dadurch entwickelt sich das notwendige Selbstvertrauen. Dazu gehört auch konstruktive Kritik, die nicht verletzend ist, sondern aufbauend wirkt. Sie unterstützt vor allem das Streben des Kindes nach Wachstum.
4. **Liebe und Wertschätzung**, die ihm Geborgenheit und Vertrauen geben. Sie sind die Grundlagen, um ein gesundes Selbstwertgefühl zu entwickeln und fördern eine gute Beziehung zu sich selbst. Wie bei allen Grundbedürfnissen, die erfüllt werden, wirkt sich auch die Erfahrung von Liebe und Wertschätzung auf den späteren Erwachsenen aus.

Sind diese Grundbedürfnisse des Kindes in der Kindheit überwiegend erfüllt worden, so fühlt es sich als Erwachsener in seiner Existenz sicher. Das Kind hat sowohl Vertrauen in sein Umfeld gefasst als auch zu sich selbst. Wurden die Bedürfnisse nur unzureichend oder gar nicht erfüllt, sind Defizite geblieben, die weitreichende Folgen für das Leben des Erwachsenen haben. Es besteht eine Art Nachholbedarf. Der Erwachsene lebt in der Erwartungshaltung, dass andere Menschen ihm seine Bedürfnisse erfüllen. So entstehen Ansprüche an Partner und Freunde, die durch sie aber nie wirklich erfüllen können. Die Beziehungen werden auf harte Proben gestellt.

So ist nicht nur das Selbstwertgefühl des erwachsenen Menschen in starkem Maße davon abhängig, in welchem Maß seine Grundbedürfnisse erfüllt wurden, als er noch ein Kind gewesen ist. Auch der Umgang der Eltern oder Bezugspersonen mit dem Kind hat einen beträchtlichen Einfluss auf die innere Zufriedenheit und das Vertrauen, das der erwachsene Mensch zu sich selbst und seinen Fähigkeiten aufgebaut hat.

Als Folge des Mangels an Aufmerksamkeit, Anerkennung, Liebe und Wertschätzung hat sich eine entsprechende Verletzbarkeit entwickelt. Sobald Partner und andere Menschen im persönlichen und auch beruflichen Umfeld sich ähnlich verhalten wie die Bezugspersonen im Umfeld des Kindes, wird die alte Wunde angetastet. Wird der Erwachsene nicht wahrgenommen, nicht beachtet, glaubt, zu spüren, dass irgendetwas mit ihm nicht stimme, dass er nicht liebenswert sei, reißt die Wunde sofort auf. Die Tatsache, dass in der Kindheit bestimmte Grundbedürfnisse nicht erfüllt wurden, verursacht ständige Ängste, so etwa auch die Angst, wieder verletzt und zurückgewiesen zu werden.

Sobald man sich diese Verwundbarkeit aber bewusst macht, kann man ihre Ursache erforschen und dann lernen, entsprechend damit umzugehen.

Abhängigkeiten

Wurden die Grundbedürfnisse des Kindes überwiegend nicht erfüllt, sind daraus „wunde Punkte“ im Erwachsenen entstanden. Obwohl er im erwachsenen Alter niemanden mehr braucht, der für ihn sorgt, er folglich nicht mehr abhängig von anderen ist, sondern für sich selbst sorgen kann, lebt der Mensch nicht als unabhängiger Erwachsener.

Wurde er als Kind nicht genügend wahrgenommen, nicht wirklich gesehen, ist es möglich, dass sich eine Sucht nach Aufmerksamkeit entwickelt hat. Der erwachsene Mensch legt ein zwanghaftes Verhalten an den Tag, um wahrgenommen zu werden. Wird er nicht wahrgenommen, fühlt er sich verletzt.

Wurde er als Kind nicht darin bestätigt, o.k. zu sein, wie er ist, kann sich eine Sucht nach dieser Bestätigung einstellen. Jede Art von Kritik wirkt verletzend, da sie als das Gegenteil von Bestätigung empfunden wird.

Wurde er für das, was er geleistet hat, nicht anerkannt, kann sich daraus ein ständiges Heischen nach Anerkennung entwickelt haben. Erhält er keine Anerkennung, fühlt der erwachsene Mensch sich unglücklich und resigniert.

Die schwerwiegendste Verletzung aber ist, als Kind nicht wirklich geliebt worden zu sein, oder wenig Zuneigung bekommen zu haben. Die daraus entstehende Bedürftigkeit nach Liebe und Wohlwollen durch andere führt dazu, dass man, um diese Liebe zu erhalten, alles tut, was andere von einem erwarten und sich wünschen. Das drückt sich zum Beispiel so aus, dass man nur noch Ja sagen kann, weil ein Nein das Wohlwollen anderer gefährden könnte. Das Risiko, dass andere bei einem Nein mit Liebesentzug reagieren, ist zu groß. Der Schmerz, der sich als Kind bei Liebesentzug einstellte, wird hier vorsorglich vermieden.

Der entsprechende Mensch lebt nicht mehr wirklich selbst. Er wird gelebt. Er bestimmt nicht mehr selbst sein Leben, sondern andere bestimmen es durch ihre Erwartungen und Wünsche, die er zu erfüllen strebt. Die dahinterstehende Sehnsucht nach echter Verbundenheit wird aber nie erfüllt.

Ängste und Zwänge

Insgesamt lassen sich 9 Hauptängste zusammenfassen, die mit Abhängigkeiten einhergehen. Es gibt die Angst

- zu versagen
- nicht gut genug zu sein (auf verschiedenen Ebenen)
- zurückgewiesen zu werden
- nicht beachtet zu werden
- Fehler zu machen
- andere zu enttäuschen und die damit verbundenen Folgen
- verlassen zu werden
- kritisiert zu werden (wird wie Liebesentzug empfunden)
- Im Aussehen nicht attraktiv genug zu sein

Ein Mensch tut alles, um das, wovor er am meisten Angst hat, den Schmerz, den er nicht wieder spüren möchte, zu vermeiden. Die eigenen Bedürfnisse kennt er oftmals gar nicht mehr. Er strebt nur danach, die Bedürfnisse anderer zu erfüllen. Ein Mensch, der seine eigenen Bedürfnisse nicht mehr fühlt, leidet häufig an einem sogenannten „Helfersyndrom". Es besteht ein Zusammenhang zwischen dem nicht erfüllten Bedürfnis in der Kindheit und der daraus resultierenden Verwundbarkeit und dem Versuch, den Mangel über das Außen auszugleichen. Nicht selten findet sich diese Dynamik bei Menschen, die etwa in sozialen Berufen arbeiten. Indem er anderen hilft, hofft ein Mensch, die ersehnte Anerkennung, Zuneigung … zu erfahren. Ein Wunsch, der ewig unerfüllt bleiben muss, solange er nicht gelernt hat, sich das, was er im Außen sucht, auch selbst zu geben.

Alles das ist keine Theorie, sondern hat sich in meinen Seminaren und in Einzelgesprächen immer wieder bestätigt. Und das besonders Traurige ist, dass es sich nicht um Ausnahmen handelt. Mein Eindruck ist, dass es in unserer westlichen Kultur sehr viele Menschen gibt, die unter diesen Ängsten leiden. Meistens ist ihnen das zwanghafte Verhalten allerdings gar nicht bewusst. Sobald man sich aber dessen bewusst wird, fühlt man sich vom Thema „Inneres Kind“ wie von selbst angezogen und möchte an die Wurzeln seiner Verhaltensweisen und Ängste, um endlich unabhängig zu werden.

Das Eltern-Ich

Unter den vielen Stimmen, die im Bewusstsein jedes Menschen existieren, gibt es eine Stimme, die es schafft, ein ohnehin schon mangelndes Selbstwertgefühl noch stärker negativ zu beeinflussen. Es ist die Stimme der Eltern, die im erwachsenen Menschen weiterhin existiert. Mit den gleichen Worten, die man als Kind so häufig gehört hat. Wenn diese Stimme überwiegend kritisch war und einen negativen Einfluss auf das Selbstwertgefühl hatte, wirkt sie in dieser Weise weiter.

Die Stimme der Eltern wird im psychologischen Modell der Transaktionsanalyse als „Eltern-Ich“ bezeichnet. Von dieser Stimme unterschieden wird das „Kind-Ich“, das im Grunde das Gleiche bezeichnet wie der Begriff „Inneres Kind“. Ziel des psychologischen Modells der Transaktionsanalyse ist, zu erkennen, ob und wann man gerade mit dem „Kind-Ich“ oder „Eltern-Ich“ identifiziert ist. Als drittes Ich wird das „Erwachsenen-Ich“ angenommen, das es zu entwickeln gilt. Aufgabe ist, sich bewusst mit diesem „Erwachsenen-Ich“ zu identifizieren, das sachlich und emotionslos handeln kann. Das „Erwachsenen-Ich“ ist mit dem „Inneren Erwachsenen“ gleichzusetzen. Die Transaktionsanalyse geht davon aus, dass die drei Ichs in allen Menschen existieren. Es ist so, als würden in jedem Menschen sowohl das Kind als auch seine Eltern mit ihrem Verhalten weiterleben. Die entsprechenden Erfahrungen wurden im Gehirn abgespeichert. Am bedeutendsten sollen dabei die Ereignisse sein, die in den ersten fünf Lebensjahren stattgefunden haben. Ich beziehe mich bei diesen Ausführungen auf das Buch von Thomas A. Harris: „I'm OK - you're OK". Da das „Kind-Ich" oben bereits ausführlich beleuchtet wurde, wenden wir uns nun dem „Erwachsenen-Ich" zu. Ich beschränke mich für unseren Zusammenhang darauf, nur das „Eltern-Ich" in der Transaktionsanalyse zu erläutern. Thomas A. Harris erklärt „das Eltern-Ich" wie folgt:

„Das Eltern-Ich ist eine gewaltige Ansammlung von aufgenommenen Informationen von äußeren Ereignissen im Gehirn eines Kindes, grob angenommen in den ersten 5 Jahren seines Lebens … Alles, was das Kind bei seinen Eltern in ihrem Tun beobachtete und alles, was es die Eltern sagen hörte, ist in diesem Eltern-Ich wie in einem Tape-Recorder aufgenommen … Im Eltern-Ich sind alle Glaubensmuster, Regeln und Gesetze angesiedelt, die das Kind von seinen Eltern hörte oder was es aus ihrer Lebensweise aufnahm … Beispiele: ‚Vergiss nicht mein Sohn, die besten Menschen sind …', ‚du wirst beurteilt nach den Menschen, die um dich sind', ‚Verschwendung ist eine Todsünde', ‚du kannst keinem Menschen trauen', usw. usw. Entscheidend dabei ist, dass es keine Rolle spielt, ob diese Regeln gut oder schlecht im Lichte einer vernünftigen ethischen Betrachtungsweise sind, sie sind aufgenommen als Wahrheit der Instanz, die dem Kind Sicherheit für sein Leben gewährt. Das Abspielen dieser Aufnahmen hat während des ganzen Lebens einen mächtigen Einfluss zur Folge. Ohne die physische Gegenwart seiner Eltern würde das Kind sterben. Das verinnerlichte Eltern-Ich ist somit auch lebensrettend und schützt es gegen viele Gefahren, die zum Tode führen können … Eine andere Aufnahme ist die Vertrauenswürdigkeit dieser Aufnahmen in ihrer Unbeständigkeit. Die Eltern

sagen: ‚Lüge nicht!', aber sie selbst erzählen Lügen.“ (Diesen Text aus dem Buch „I'm OK – you're OK“ habe ich ins Deutsche übersetzt.)

Das „Eltern-Ich“ kann beim Erziehen überwiegend kritisch sein, Leistung, bestimmte Verhaltensweisen und Handlungen fordern. Das „Ziel“ des Kindes ist, sich anzupassen, nicht aufzufallen, möglichst von allen Menschen beachtet und gemocht zu werden. Die Botschaften der Eltern und des Umfeldes gehen wie von Harris beschrieben in das „Eltern-Ich“ ein. Es sind die Botschaften, die Bilder, die das Kind allmählich von sich entwickelt und die es das ganze Leben lang prägen können. Das „Eltern-Ich“ ist ein innerer Kritiker, der ständig etwas auszusetzen hat. Das drückt sich in Gedanken aus wie „Das war wieder nicht gut genug“, „Das kannst du noch viel besser“, „Das hast du schon wieder falsch gemacht“, „Das brauchst du erst gar nicht zu versuchen, das kannst du sowieso nicht“, dem das Individuum je nach Bewusstseinsgrad Glauben schenkt oder zumindest dazu verleitet ist. Solche Botschaften reduzieren das Selbstvertrauen. Hinzu kommen die Reaktionen und Verhaltensweisen, die ich im Kapitel „Entwicklung von Selbstbildern“ beschreibe. Obwohl man erwachsen, unabhängig und selbstständig ist, haben die Stimmen der Eltern im Inneren noch immer Macht. Innerlich ist der Erwachsene selten mit sich zufrieden. Das „Eltern-Ich“ wirkt wie ein innerer Saboteur. Selbst wenn man Grund zu Freude und Anerkennung für sein Tun verdient hätte, kommt die Stimme der Eltern wieder mit Formulierungen wie „Bilde dir bloß nicht ein, dass das, was du getan oder erreicht hast, etwas Besonderes ist“, „Vergiss nicht, was du nur mangelhaft erledigt hast. Du hast keinen Grund, dich über irgendetwas zu freuen.“ Das Negative überwiegt immer. Der Erwachsene vergisst so häufig, was ihm wirklich Freude bereitet. Aus eigener Einsicht kennt er kaum Erfolgserlebnisse. Er braucht ständig die Bestätigung und Anerkennung anderer. Der Kontakt zum „Inneren Kind“ besteht überwiegend über die kritische Perspektive und Sprache des „Eltern-Ichs“.

Die Zusammenhänge machen deutlich, wie wichtig es ist, die immer noch vorhandene Macht der Eltern durch das „Eltern-Ich“ zu beenden. Das „Innere Kind“ braucht einen liebevollen „Inneren Erwachsenen“ als Gegenüber, ein neues, liebevolles „Eltern-Ich“, das der erwachsene Mensch in sich selbst, unabhängig von seinen Kindheitserfahrungen, aufbauen kann.

Das mag jetzt so klingen, als gäbe es überhaupt keine liebevollen Eltern, sondern nur solche, die sich so wie oben beschrieben verhalten. Häufig habe ich auch die empörte Reaktion bekommen, dass man seine Eltern doch nicht so negativ darstellen könne. Natürlich lieben die meisten Eltern ihre Kinder. Das Tragische ist ja gerade, dass man als Vater oder Mutter sogar meint, dass die eigenen erzieherischen Verhaltensweisen dem Kind gegenüber aus Liebe zu ihm notwendig seien. Sie haben die Verhaltensweisen zum Teil von ihren eigenen Eltern übernommen, die häufig noch strenger waren, als die, die ihre Kinder nun wiederum selbst praktizieren. Der Hintergrund dessen ist meist das unbewusste Erziehungsziel, die Kinder zu Menschen zu erziehen, die Leistungen bringen, sich den Normen der Gesellschaft anpassen, um später einmal auf der materiellen Ebene erfolgreich zu sein. Ein mir bekannter akademisch gebildeter Mensch und regelmäßiger Kirchgänger sagte mir einmal, dass ein Kind auch Schläge der Eltern als Ausdruck von Liebe erfahren könne. Die Form, die Erziehung in einer bestimmten Zeit annimmt, scheint eine fast hypnotische Wirkung zu haben, so sehr, dass der Erziehende selbst sein Verhalten nicht als Unrecht empfindet.

Es geht also überhaupt nicht darum, die Eltern wegen ihres mangelhaften Verhaltens zu schelten und ihnen die Schuld für die Problematiken des jetzt erwachsenen Menschen zu geben. Jede Generation praktiziert Erziehung und die Kinder haben mehr oder weniger darunter gelitten. Nur wenige haben die Konsequenzen bestimmter Verhaltensweisen ihrer Eltern erkannt, sie reflektiert und sich entsprechend ihren Kindern gegenüber anders verhalten, um nicht die gleichen Fehler wieder zu machen. Ein Teilnehmer einer meiner Workshops ist mit dem festen Vorsatz nach Hause gefahren, bei seinen Kindern jetzt die Kette, die sich von Generation zu Generation gebildet hat, zu durchbrechen und die Fehler der Vergangenheit heute nicht fortzusetzen.

Falls Sie selbst noch kleine Kinder haben, dann können Sie ab sofort Einfluss darauf nehmen, welche Botschaften deren „Eltern-Ich" ihnen jetzt und auch später vermittelt. Denken Sie dabei an die zuvor beschriebenen Grundbedürfnisse des Kindes, die das Kind erfüllt haben möchte. Wenn Sie die zum Maßstab bei der Begleitung Ihrer Kinder beim Erwachsenwerden nehmen und möglichst dafür sorgen, dass Ihre Kinder später in diesen Bereichen keine Defizite haben, dann werden Sie sich später an dem guten Selbstwertgefühl und dem daraus resultierenden Selbstbewusstsein erfreuen können. Sie werden dann zu guten Freunden, Sie und Ihre erwachsenen Kinder.

Der Kind-Erwachsene

Den erwachsenen Menschen, der häufig mit seinem „Inneren Kind" identifiziert ist, bezeichne ich jetzt einfach einmal als einen „Kind-Erwachsenen".

Er ist dies, weil er

- nicht bereit ist, Verantwortung für sein Handeln zu übernehmen, weil er Angst vor Kritik hat, wenn er Fehler macht, sich geirrt hat, nach Meinung der anderen falsche Entscheidungen getroffen hat, nicht den Erwartungen der anderen entsprochen hat.

- nicht wirklich frei, sondern abhängig von anderen ist, die ihm das nun geben sollen, was er in seiner Kindheit zu wenig oder gar nicht bekommen hat: Bestätigung, Zuneigung, Anerkennung … Wenn er das bekommt, geht es ihm gut. Wenn nicht, fühlt er sich schlecht. Seine Beziehungen werden dadurch belastet. Mit der Abhängigkeit gehen permanent Gefühle von Machtlosigkeit und Unsicherheit einher, weil man sich selbst nicht fähig fühlt, sich das zu geben, was man braucht, um ein glückliches oder zumindest überwiegend zufriedenes Leben zu führen.
- keinen Kontakt zu seinen eigenen Bedürfnissen hat. Er weiß nicht, was er wirklich will, was seine Wünsche sind, weil er zu sehr auf die Bedürfnisse anderer und deren Erwartungen fixiert ist. Für die Erfüllung der Erwartungen anderer empfängt er Dankbarkeit und Wohlwollen, was er nicht gefährden möchte, weil er das Gegenteil nicht aushalten kann: Ablehnung, Liebesentzug, möglichen Groll oder, verlassen zu werden.
- sich nicht bewusst ist, dass er einen Willen hat, eine Wahl hat, Ja oder Nein zu sagen. Ich habe Menschen sagen hören, dass sie „Nein zu sagen" überhaupt nie in Betracht ziehen.
- Liebe als vor allem von anderen geliebt zu werden versteht. Sie ist für ihn in diesem Fall immer mit Bedingungen verbunden. Nur wenn man die Bedingungen erfüllt, kann man erwarten, geliebt zu werden. Es ist nicht vorstellbar, dass man jemanden lieben kann, ohne, dass damit Erwartungen, Bedingungen verbunden sind.
- nicht wirklich im Leben *agiert*, sondern überwiegend unbewusst aufgrund von Konditionierungen und einprogrammierten Verhaltensmustern *reagiert*. Bewusstes

Entscheiden im Sinne von Klarheit darüber zu haben, was man sagt und tut, geschieht nur selten.

- überwiegend in einer kritischen Beziehung mit sich selbst und einem damit schwachen Selbstwertgefühl lebt, etwa weil die Stimmen und die Glaubensmuster der Eltern im Inneren immer noch Einfluss nehmen, was sowohl das Selbstwertgefühl als auch das Selbstvertrauen schwächt.

Der Kind-Erwachsene in Beziehungen

Die Bedürftigkeit des Kind-Erwachsenen führt in Beziehungen zu Ansprüchen und Erwartungen an den Partner. Wenn diese Ansprüche überwiegend erfüllt werden, fühlt er sich geliebt. Menschen mit der Bedürftigkeit nach Bestätigung und Liebe werden unerlässlich von der Frage geplagt, liebt er, liebt sie mich wirklich? Bekommt er/sie die Bestätigung nicht in gewünschtem Maße, reagiert er/sie zum Beispiel mit Rückzug, um nicht noch stärker verletzt zu werden.

Weitere Ansprüche des Kind-Erwachsenen sind

- wahrgenommen zu werden, basierend auf der Bedürftigkeit nach Aufmerksamkeit
- Anerkennung für das zu erhalten, was man tut: Du musst mir sagen, dass ich etwas leiste, etwas gut gemacht habe. Wenn ich von dir diese Anerkennung nicht bekomme, habe ich Zweifel, ob du mich wirklich liebst.
- die Überwindung von Verlustangst durch den permanenten Wunsch nach Beteuerung, dass man nicht verlassen wird. Man fragt bereits zu Beginn einer Beziehung, ob der andere es wirklich ernst mit der Beziehung meint, ob die Beziehung eine Zukunft hat. Das führt

von Beginn an zu einem Klammern, das wiederum sehr häufig genau das bewirkt, vor dem man Angst hatte, nämlich verlassen zu werden.

- nicht kritisiert zu werden. Jegliche Kritik wird gleichgesetzt mit Liebesentzug, wie man dies aus der Kindheit kennt. Die Abwehrmechanismen können furchtbar sein. Man schlägt zurück, wird aggressiv und findet alles Mögliche, was bei dem Kritisierenden nicht in Ordnung ist.

Zusammenfassend kann man sagen, dass der Kind-Erwachsene in einer Beziehung überwiegend mit den Ängsten lebt, verlassen oder/und zurückgewiesen zu werden, nicht gut genug, nicht liebenswert, nicht wirklich o.k. zu sein.

Wenn zwei Kind-Erwachsene in eine Beziehung miteinander treten, kann man sich vorstellen, wie Gespräche häufig verlaufen:

- Sachliche Auseinandersetzungen enden in persönlichen Anklagen
- Beleidigt sein, sich schmollend zurückziehen werden als Mittel gegenseitiger Manipulation genutzt
- Gegenseitige Ansprüche und Erwartungen können selten erfüllt werden, da sie unerfüllbar sind (Erwartungen an Mutter/ Vater werden auf Partner projiziert)
- Verzweiflung und Hoffnungslosigkeit breiten sich aus, denn die Ansprüche an den Partner, deren Erfüllung die Voraussetzung dafür ist, dass man sich geliebt fühlt und dann auch lieben kann, bleiben unerfüllt.

In einer Beziehung des „Kind-Erwachsenen“ mit einem Partner, der sich, auf seinem Weg zum reifen Erwachsenen schon weiterentwickelt hat, kann es folgende Muster geben:

- Der reife Erwachsene kann tun, was er will, es ist nie genug
- Je mehr er oder sie den Forderungen des „Kind-Erwachsenen“ nachgibt, desto höher werden die Ansprüche
- Sachliche und emotionsfreie Gespräche sind kaum möglich
- Der reife Erwachsene verliert nach einer gewissen Zeit Respekt und Achtung vor dem „Kind-Erwachsenen“-Partner
- Er oder sie fühlt sich mit dem „Kind-Erwachsenen“-Partner ständig überfordert und resigniert am Ende

Eine echte Partnerschaft ist kaum möglich.

Innerer Erwachsener und Inneres Kind

Chopich/Paul unterscheiden in ihrem Buch „Aussöhnung mit dem Inneren Kind“ zwischen dem „Inneren Erwachsenen“, der von seinem „Inneren Kind“ getrennt lebt und dem, der mit ihm in Kontakt ist.

Der vom „Inneren Kind“ getrennte Erwachsene

- vermeidet, die Gefühle zu spüren und die Verantwortung dafür zu übernehmen,
- verdrängt elementare Bedürfnisse nach Liebe, Wertschätzung und Angenommen-sein, um nicht wieder enttäuscht zu werden,
- vermeidet, sich seiner Verwundbarkeit bewusst zu werden und damit Schmerz zu spüren,
- vermeidet aus Angst vor Einsamkeit und der damit verbundenen Leere, allein zu sein.

Diese Verhaltensweisen waren in der Kindheit Überlebensstrategien, weil man zum Beispiel den Schmerz, der sich bei Verletzungen einstellte, nicht mehr ertragen konnte. Sich von seiner Gefühlswelt abzuschneiden, um die zugefügten Verletzungen nicht zu spüren, wird zur Überlebensstrategie. Wenn der „Innere Erwachsene" nicht mit dem „Inneren Kind" in Kontakt ist, verdrängt der Mensch sämtliche Gefühle. Die Angst vor Verletzungen ist zu groß, als dass der Erwachsene riskieren würde, seine Schmerzen zu spüren und die Bedürfnisse des „Inneren Kindes" wahrnehmen.

Die Glaubensmuster sind:

- Ob ich glücklich bin, hängt von anderen ab.
- Mich selbst glücklich zu machen, ist egoistisch und daher falsch.
- Für meine Gefühle sind andere verantwortlich.

Die genannten Glaubensmuster haben sich mit der Zeit als Reaktion auf Botschaften aus der Umwelt und als Konsequenzen aus den bisher gemachten Erfahrungen entwickelt.

Der Erwachsene, der mit dem „Inneren Kind" in Kontakt ist

bemüht sich, sich wie folgt zu verhalten:

- Er nimmt die Gefühle des „Inneren Kindes" wahr und übernimmt selbst die Verantwortung dafür.
- Er ist konsequent und zuverlässig, indem er seine Gefühle ernst nimmt und sie auch nicht abwertet.
- Er hat den Mut, auch Gefühle wie etwa, dass das „Innere Kind" sich einsam fühlt, wahrzunehmen, um mit Liebe und Mitgefühl präsent zu sein.

Die von Chopich/Paul beschriebenen Verhaltensweisen drücken den Grad der Reife des erwachsenen Menschen aus. Für viele Menschen aber ist genau das das Problem. Viele meiner Klienten sagten mir, dass nicht das „Innere Kind" das eigentliche Problem in ihrem Leben sei, sondern der fehlende „Innere Erwachsene". Es fiele ihnen schwer, sich mit dem „Inneren Erwachsenen" zu identifizieren, also sich wirklich wie ein erwachsener Mensch zu verhalten, weil man nicht wirklich wisse, welche Kriterien den erwachsenen Menschen als wirklich Erwachsenen qualifizierten, der man nicht sei. Man wisse gar nicht, was es bedeute, sich wie ein Erwachsener zu verhalten.

Im Unbewussten existiert eine verschwommene Vorstellung von ihm, die aber aus Glaubensmustern und anerzogenen Verhaltensmustern geformt ist. Dem „Inneren Kind" einen „Inneren Erwachsenen" gegenüberzustellen, der dann auch noch liebevoll sein soll, ist außerordentlich schwierig. Dagegen ist es leichter, über seine Gefühle und Verhaltensweisen zu erkennen, wann und wie oft man mit dem „Inneren Kind" identifiziert ist. Die wirkliche Herausforderung ist der Zugang zum „Inneren Erwachsenen". Das liegt auch daran, dass die meisten Eltern und auch andere Bezugspersonen selbst nicht den Grad eines reifen Erwachsenen nach den Kriterien von Chopich und Paul erreicht haben. In unserer Kultur herrscht nicht einmal ansatzweise Klarheit darüber, was es bedeuten könne, Kinder bei ihrer Entwicklung zu einem wirklichen Erwachsenen zu unterstützen.

Nachdem mir das in den ersten Seminaren immer mehr bewusst wurde, habe ich selbst, zum Teil auch mit den TeilnehmerInnen gemeinsam, herausgearbeitet, was die Kriterien und Qualitäten sind, die einen reifen Erwachsenen ausmachen. Sie wurden zu einem wesentlichen Bestandteil des Seminars, weil ansonsten die Aufgabe, dem „Inneren Kind" einen „Inneren Erwachsenen" gegenüberzustellen, der jetzt die Verantwortung für das „Innere Kind" übernehmen soll, nicht erfüllt werden konnte. Aufgrund der gewonnenen Erkenntnisse wird es möglich, den reifen Erwachsenen allmählich bei sich zu entwickeln, um dadurch immer mehr ein vertrauensvoller reifer „Innerer Erwachsener" für das „Innere Kind" zu sein.

Ein weiterer wichtiger Schritt auf dem Weg zum selbstverantwortlichen Erwachsenen besteht nach meiner Erfahrung darin, dass man erkennt, ob und wann man mit seinem „Inneren Kind" identifiziert ist, etwa dann, wenn man sich durch das Verhalten eines anderen verletzt fühlt und sich dann am liebsten in einen Schmollwinkel zurückziehen möchte. Nimmt man dieses Verhaltensmuster an sich wahr, ist man bereits nicht mehr mit dem „Inneren Kind" identifiziert, sondern ist zum Beobachter des inneren Vorganges geworden. Man hat jetzt eine Wahl und kann sich entscheiden, wie man sich verhalten möchte.

Im nächsten Kapitel schauen wir uns genauer an, was einen reifen Erwachsenen qualifiziert und welche Qualitäten dafür die Voraussetzungen sind.

Fragen an Sie

Wie ging es Ihnen beim Lesen dieses Kapitels? Ist Ihnen bewusst geworden, welche Bedürfnisse in Ihrer Kindheit unzureichend erfüllt wurden? Haben Sie Bezüge zu eigenen Verletzungen herstellen können? Welche Verhaltensweisen kamen Ihnen bekannt vor? Inwieweit spielt Verwundbarkeit in Ihren Beziehungen eine Rolle? Kommen Sie leicht in Kontakt mit Ihrem „Inneren Kind"? Was erfahren Sie in diesen Momenten? Oder haben Sie Schwierigkeiten, mit Ihrem „Inneren Kind" in Kontakt zu kommen?

Wie vertraut ist Ihnen das zuvor beschriebene „Eltern-Ich", der Kritiker in Ihnen? Wie geht es Ihnen, wenn er als Stimme in Ihnen agiert? Möchten Sie etwas ändern? Was ist es, das Sie ändern möchten?

2. Der Erwachsene

„Es gibt keine Erwachsene mehr,
klagen Kulturkritiker. Niemand, so scheint es,
möchte die Verantwortung für sich selbst übernehmen.
Stirbt der ‚alte' Erwachsene gerade aus und
der ‚neue' ist erst in Planung? Schwierige Zeiten."

Dieses Zitat ist der erste Satz eines Artikels von Ursula Nuber in *Psychologie heute* (2001), der den Titel trägt: „Die schwierige Kunst ein Erwachsener zu sein". Wie Sie diese Kunst wieder erlernen können, zeige ich Ihnen im folgenden Kapitel. Diese Fragen bilden seine Grundlage: Wann ist der dem Alter nach erwachsene Mensch wirklich ein Erwachsener? Was sind die Kriterien, um den Grad der Reife eines Erwachsenen zu erkennen und zu bewerten? Indem diese Fragen beantwortet werden, erkennt man Stück für Stück selbst, inwieweit man sich zu einem reifen Erwachsenen entwickelt hat.

Verantwortung und Freiheit

Die Unabhängigkeit ist es, die den Erwachsenen vom Kind unterscheidet. Er ist frei und fähig, für sich selbst zu sorgen. Bis zu einem gewissen Grad kann er sein Leben selbst gestalten.

Nur bis zu einem gewissen Grad, weil seine Freiheit und die Verantwortung anderen Menschen gegenüber bei der Lebensführung eine untrennbare Einheit bilden.

So soll der Psychiater und Begründer der Logotherapie, Viktor Frankl, in den Vorlesungen seinen Studenten häufig gesagt haben, dass neben der Freiheitsstatue in New York eigentlich auch eine Verantwortungsstatue stehen müsse. Doch gerade der Punkt, Verantwortung für sein Leben und Handeln zu übernehmen, ist es, der bei vielen Menschen mit einem Unbehagen verbunden ist. Sie setzen sie mit Pflichten und Verpflichtungen gleich, mit Anforderungen von außen, die man zu erfüllen habe. In eine solch negative Assoziation zum Begriff spielt häufig die Angst mit hinein, kritisiert zu werden, wenn man etwas falsch entschieden und sich geirrt hat. Wurde Kritik, wie im letzten Kapitel beschrieben, in der Kindheit häufig mit der Erfahrung von Liebesentzug verknüpft, in einer wenig liebevollen Weise ausgebracht, oder war gar mit Drohungen und auch Strafe verbunden, ist es nicht verwunderlich, dass der heutige Mensch den Verletzungen und dem damit verknüpften Schmerz instinktiv aus dem Weg gehen möchte.

Die Angst vor Verantwortung ist der eigentliche Grund dafür, dass manche Menschen nicht erwachsen werden wollen. Es ist einfacher, das zu tun, was andere einem sagen und zu erfüllen, was sie von einem erwarten. Wenn es schief geht, hat man immer die Ausrede, dass man ja nur das befolgt hat, was einem gesagt wurde. Der Erwachsene, der Angst vor Verantwortung hat, folgt lieber Regeln und Vorschriften, Meinungen und Anweisungen von Autoritätspersonen und Institutionen. Sobald Kritik möglich ist, wird bei jedem Handlungsschritt ausgelotet, wie man sich später rechtfertigt und auf wen man sich beruft, sollte etwas nicht zu dem erwarteten Ergebnis führen. So kann man nie für etwas verantwortlich gemacht werden. Kritik wird vermieden. Die Verantwortung wird auf andere geschoben. Solche Strategien erlebt man selbst bei Menschen in hohen Führungspositionen.

Voraussetzung für die Bereitschaft, etwas aus eigener Einsicht und eigenem Wissen heraus zu entscheiden und dafür später auch die Verantwortung zu übernehmen, ist die Erkenntnis, dass man Fehler machen kann und darf. Nur wer gar nichts tut, macht keine Fehler, heißt es so schön. Erlaubt man sich aber, Fehler zu machen und sich zu irren, überwindet man nicht nur die Angst vor Kritik, sondern beginnt Kritik als etwas Positives zu betrachten, weil man aus Fehlern etwas lernen kann. Diese Grundhaltung gehört zu einem reifen Erwachsenen.

Ein Ausdruck von Reife ist außerdem, dass man nicht mehr abhängig vom Wohlwollen anderer ist. Man erträgt es, wenn man die Erwartungen anderer nicht erfüllt. Der französische Philosoph Rousseau hat das wunderbar ausgedrückt als er sagte: „Freiheit bedeutet nicht, dass man alles tun kann, was man will. Sie bedeutet, dass man nicht mehr tun muss, was andere von einem wollen."

Unabhängig vom Wohlwollen anderer zu sein, ist ein Ausdruck von Freiheit. Beim Erwachsenen lassen sich zwei Arten von Unabhängigkeit unterscheiden: Materielle und emotionale Unabhängigkeit.

Materielle Unabhängigkeit

Für einen jungen Erwachsenen mag es Zeiten geben, in denen er sich im Rahmen seiner Berufsausbildung oder seines Studiums noch von seinen Eltern finanziell unterstützen lässt. Der Erwachsene unterscheidet sich vom Kind schließlich dadurch, dass er für seinen Lebensunterhalt in der Regel selbst sorgen kann, das heißt finanziell unabhängig von Eltern oder anderen Bezugspersonen ist. Er kann auf der materiellen Ebene für sich selbst sorgen oder wird durch ein soziales Umfeld (Staat mit sozialen Leistungen) unterstützt, sodass er grundsätzlich keine Existenzängste haben muss.

Emotionale Unabhängigkeit

Das Bedürfnis nach Zuneigung, danach, geliebt, bestätigt und anerkannt zu werden, darf bei einem Erwachsenen, der sich als solcher bezeichnen möchte, weiterhin vorhanden sein. Braucht er sie aber unbedingt von anderen, um sich gut zu fühlen, zufrieden und glücklich zu sein, dann steckt dahinter eine Bedürftigkeit, die direkt in die Abhängigkeit von anderen führt.

Wer das Bedürfnis hat, am Abend ein Glas Wein oder Bier zu trinken, kann dies ohne Angst vor Abhängigkeit tun. Wenn man es aber *braucht*, ist das ein Zeichen der Abhängigkeit. Dann ist man Alkoholiker. Menschen, die übermäßig bedürftig nach Aufmerksamkeit, Bestätigung, Liebe und Anerkennung von anderen sind, sind auf der emotionalen Ebene süchtig.

Bemüht man sich nicht darum, emotional unabhängig zu sein, ist es unmöglich, wirklich erwachsen zu werden. Eine gute partnerschaftliche Beziehung wird so unmöglich, weil sie mit ständiger Verletzungsgefahr verbunden ist. Das gilt sowohl bei der verbalen als auch bei der non-verbalen Kommunikation. Eine sachliche und verständnisvolle Kommunikation miteinander ist schwierig, da vom Partner erwartet wird, dass er oder sie das kompensiert, was man als Kind nicht oder zu wenig bekommen hat.

Aus dem Radio dringen täglich unzählige Beispiele für emotionale Abhängigkeit an unser Ohr: „Sag mir, dass du mich liebst, sag mir, dass du mich brauchst!" „Ich kann ohne dich nicht leben." „Ich tue alles, was du willst, wenn du mich nur liebst."

Viele Menschen glauben, dass es so etwas wie eine emotionale Unabhängigkeit nicht gibt. Sie glauben, dass die Sehnsucht nach Verbundenheit und Liebe immer wieder in die Abhängigkeit führt. Der französische Schriftsteller Nicolas de Chamfort (1741 – 1794) hält dem entgegen, wenn er schreibt, dass „es schwer ist, das Glück bei sich selbst zu finden und es unmöglich ist, anderswo danach zu suchen".

Der Neurobiologe Gerald Hüther unterstreicht in seinem kürzlich erschienenen Buch „Die Freiheit ist ein Kind der Liebe" ebenfalls die Notwendigkeit, sich emotionale Unabhängigkeit zu erarbeiten. Der praktische Philosoph Maik Hosang widmet sich unter der Überschrift „Die Liebe ist ein Kind der Freiheit" dem gleichen Thema. Beide Autoren zeigen aus ihrer jeweiligen Sicht, wie es gelingt, sowohl die Sehnsüchte nach Unabhängigkeit und Freiheit als auch den Wunsch nach Zugehörigkeit und Verbundenheit zu erfüllen. Auf ihrem jeweiligen Weg beziehen sie neue Erkenntnisse über den Ursprung unserer Sehnsüchte nach Liebe in ihre Überlegungen mit ein. Das Buch kann von zwei Seiten und aus zwei Perspektiven gelesen werden, in der Mitte begegnen sie sich.

Zur Sehnsucht nach Verbundenheit schreibt Gerald Hüther:

„Dieses Gefühl nach Verbundenheit bringen alle Kinder mit auf die Welt. Sie waren ja bis dahin aufs Engste verbunden. Und genauso ist es mit dem anderen, ebenso im Gehirn verankerten Bedürfnis, die eigenen Möglichkeiten weiter zu erkunden und die Welt zu entdecken."

Die Konsequenz:

„Und alle Kinder sind, solange ihnen das gelingt, davon überzeugt, dass es möglich ist, gleichzeitig verbunden zu sein und mit jeder neuen Entdeckung, mit jeder selbst gemachten Erfahrung auch gleichzeitig ein Stück über sich hinauszuwachsen und dabei immer autonomer und schließlich auch immer freier zu werden."

Er schlussfolgert:

„Die Liebe ist also kein Kind der Freiheit und die Freiheit ist kein Kind der Liebe, sondern die Liebe entsteht erst aus der Erfahrung, dass ein Leben in Verbundenheit und Freiheit möglich ist."

Voraussetzung für die Erfahrung von Verbundenheit ist, dass der erwachsene Mensch erkennt, dass er sich die Grundbedürfnisse des Kindes jetzt jederzeit selbst erfüllen kann, wenn sie in der Kindheit nicht von den Eltern oder Bezugspersonen erfüllt wurden.

In der englischen Sprache gibt es neben dem Begriff „Dependence“ (Abhängigkeit) und „Independence“ (Unabhängigkeit) noch den Begriff „Interdependence“. Er drückt aus, dass wir soziale Wesen sind, die sich gegenseitig auf einer bestimmten Ebene brauchen, dabei aber gleichzeitig freie Individuen sein können.

Verantwortung und Bewusstheit

Wie zuvor Verantwortung und Freiheit, so gehören auch Verantwortung und Bewusstheit untrennbar zusammen. Dies wird etwa im Ausspruch Jesu deutlich, wenn er sagt: „Vater, verzeih‘ ihnen, denn sie wissen nicht, was sie tun“ (Lk 23, 34). – Menschen, die nicht wissen, was sie tun, also nicht bewusst handeln, können nicht wirklich für das verantwortlich gemacht werden, was sie sagen oder tun. Sie handeln unbewusst. Daher ist Verantwortung ohne Bewusstheit unmöglich.

Der Wirtschaftswissenschaftler E.F. Schumacher beschrieb das Dilemma so:

„Die meisten von uns agieren größtenteils mechanisch, wie Maschinen. Das spezifisch menschliche Vermögen der Bewusstheit unserer selbst schläft, und der Mensch reagiert wie ein Tier – mehr oder weniger intelligent – lediglich auf verschiedene Reize. Nur wenn ein Mensch von seiner Fähigkeit der Bewusstheit seiner selbst Gebrauch macht, erreicht er den Status einer Person, die Stufe der Freiheit. In diesem Augenblick lebt er, statt gelebt zu werden.“

Gehirnforscher haben festgestellt, „dass 90 % unseres Handelns der Autopilot im Gehirn übernimmt. Nur bei wichtigen Dingen schaltet sich die die Bewusstheit ein.“ So wird in der

Sendung „Das automatische Gehirn: Die Magie des Unbewussten“ als Beispiel dafür angeführt, dass „kaum jemand sich gewahr ist, wie er seine Zähne putzt“. Die verbleibenden 10 % sind aber ein Durchschnittswert. Wer Achtsamkeit übt, zum Beispiel durch regelmäßige Meditation, steigert diesen Anteil von wirklicher Wachheit. Dadurch wird er auch sensibler, wichtige Dinge von unwichtigen Dingen zu unterscheiden, sich bewusst zu machen, welche Folgen das, was man sagt und tut zum Beispiel in Beziehungen für andere wie auch für das eigene Wohlbefinden hat. Inwieweit das gelingt, kann man auch Verantwortung für sein Handeln übernehmen. Damit verbunden ist ein kurzes Innehalten, sich bewusst zu werden, dass man eine Wahl hat und nicht dem Autopiloten folgen muss.

Eckhart Tolle bezeichnet diesen Zustand des Unbewussten als „nicht wirklich im Leben anwesend zu sein“. Wenn man aber nicht anwesend ist, kann man auch keine Verantwortung übernehmen. Er hat mich auf diesen Satz von Jesus aufmerksam gemacht „Vater, verzeih’ ihnen, denn sie wissen nicht, was sie tun.

Bewusstheit kann auch als Präsenz, Achtsamkeit, Aufmerksamkeit und Gegenwärtigkeit beschrieben werden. Alle diese Begriffe setzen voraus, dass man wirklich im Hier und Jetzt lebt. In der Praxis heißt das, innezuhalten, bevor man etwas entscheidet oder Wichtiges sagt, und abzuwägen, welche Konsequenzen die Entscheidung oder das Gesagte haben.

Möchte man eine klare Entscheidung treffen, braucht man etwas Zeit. Meistens reichen wenige Augenblicke aus. Besteht die Gefahr, dass man sich selbst oder jemandem anderen durch eine Entscheidung Schaden zufügt, sollte man sich umso mehr Zeit nehmen, um das Für und Wider abzuwägen und Klarheit zu gewinnen.

Reagiert man sofort, ist man durch vielseitige im Gehirn abgespeicherte Programme, Verhaltensmuster, Konditionierungen und Glaubenssysteme aus dem Unbewussten bestimmt, die oftmals mit Ängsten und Zwängen verbunden sind. Macht man sich die Zusammenhänge nicht bewusst, wiederholt man die gleichen Dinge und auch Fehler schnell immer und immer wieder. Die Chance, einmal anders zu handeln und damit auch andere Ergebnisse zu erfahren, bleibt in vielen Fällen ungenutzt.

Konditionierungen sind für unser Leben notwendig. Man denke nur an die erste Fahrstunde. Wie schwierig war es, Hände und Füße und Aufmerksamkeit richtig zu koordinieren? Aber nach einer gewissen Zeit laufen Handlungen wie Schalten, Bremsen, Kuppeln ab, ohne dass man nochmals gesondert darüber nachdenkt. Das Gleiche gilt für viele andere Abläufe, die wir tagtäglich ausüben. Über die einzelnen Schritte brauchen wir nicht mehr nachzudenken, wir haben den Ablauf abgespeichert.

Verhaltensmuster bei Entscheidungen können allerdings verheerende Folgen für andere und auch für uns selbst haben, wenn sie automatisch ablaufen und wir uns nicht bewusst waren, dass wir uns auch hätten anders verhalten, also hätten wählen können.

Sie haben immer die Wahl! Zu jeder konditionierten Verhaltensweise gibt es Alternativen, für die Sie sich aber bewusst entscheiden müssen. Sobald das geschieht, reagieren Sie nicht länger unbewusst auf äußere Reize, sondern sagen wirklich das, was Sie sagen möchten. Das verhindert, dass Sie später bedauern, was Sie gesagt haben, wie es beim unbewussten Reagieren häufig der Fall ist. Zwischen verschiedenen Antworten wählen zu können, ist ein Zeichen von Bewusstheit. Indem Sie Ihre Antwort bewusst wählen, drücken Sie Ihren Willen aus, für den Sie im Moment des Aussprechens die volle Verantwortung übernehmen. Im zweiten Teil bei der Definition des ICH wird dies noch um einiges klarer begründet.

Ein gut entwickelter Wille ist, wie wir im nächsten Kapitel sehen werden, eine weitere Qualität, die einen reifen Erwachsenen kennzeichnet.

Gut entwickelter Wille

Rollo May, Psychoanalytiker und Autor zahlreicher Bücher, stellt in seinem Buch „Love and Will" fest, dass der Wille heutzutage in einer Krise steckt. Er stellt folgendes in den Raum:

„Die ererbte Grundlage unserer Fähigkeit zu wollen und zu entscheiden ist unwiderruflich zerstört worden." Was er als tragisch betrachtet ist, dass der Verlust des Willens in eine Zeit fällt, in der ständig schicksalhafte Entscheidungen getroffen werden müssen und verantwortungsvolles Handeln mehr denn je notwendig ist. May führt seine Behauptung in erster Linie auf Freud zurück, der von einem Menschen sprach, der *„nicht mehr treibt (not driving anymore), sondern getrieben wird (but driven)."* Er zitiert dann Freud: *„Der Mensch lebt aus dem Unbewussten. Der tief verwurzelte Glaube von psychischer Freiheit und Wahl ist unwissenschaftlich." („Man is lived by the unconsciousness. The deeply rooted belief in psychic freedom and choice is quiet unscientific.").* In diesem Verständnis wird dem Menschen die Fähigkeit abgesprochen, selbst Verantwortung für sein Leben zu übernehmen.

Nicht nur durch Freud bekam der Wille oder das Wollen einen schlechten Ruf. Viele der heute lebenden Erwachsenen haben als Kinder noch häufig gehört: „Du hast nichts zu wollen! Das heißt: „Ich möchte bitte gerne". Über viele Jahrhunderte war es ein wesentliches Erziehungsziel, den Willen des Kindes zu brechen. So zitiert Alice Miller in ihrem Buch „Am Anfang war Erziehung", J. Sulzer, die in „Versuch von der Erziehung und Unterweisung der Kinder" schreibt:

„Die Kinder vergessen mit den Jahren alles, was ihnen in der Kindheit begegnet ist. Kann man da den Kindern *den*

Willen nehmen, so erinnern sie sich hernach niemals mehr, dass sie einen Willen gehabt haben, und die Schärfe, die man wird brauchen müssen, hat auch deswegen keine schlimmen Folgen."

Viele Menschen vergessen tatsächlich, dass sie einen Willen haben. Wie oft habe ich Menschen in meinen Seminaren oder Einzelgesprächen sagen hören: „Mir ist nie bewusst, dass ich auch Nein sagen kann." Wenn ich im Einzelgespräch etwa darum bat, dass der oder die Betreffende einfach einmal „Ich will" sagen möge, war das häufig nicht möglich oder mit erheblichen Schwierigkeiten verbunden. Glaubenssätze wie „Du hast nichts zu wollen" sind fest im Unbewussten verankert.

Der schlechte Ruf des Willens rührt auch daher, dass er häufig mit Egoismus gleichgesetzt wird. Ganz besonders hat sich der italienische Psychiater Roberto Assagioli darum verdient gemacht, Klarheit in die auf den ersten Blick widersprüchliche Darstellung von Willen in östlicher und westlicher Philosophie zu bringen. Ursprünglich auch ein Schüler von Freud, setzte Assagioli sich schließlich von ihm ab, aus ähnlichen Gründen wie C.G. Jung. Assagioli stellte das Bewusstwerden und die Stärkung des menschlichen Willens als einen wichtigen Faktor in der Psychotherapie heraus.

In der westlichen Welt ist der Begriff Wille vorwiegend mit der Vorstellung von Stärke und Kraft verbunden, die man einsetzt, um seine Ziele zu erreichen. In Sätzen wie „mit dem Kopf durch die Wand gehen" wird Wille mit Stärke gleichgesetzt. Nutzt man den Willen, um rein egoistische Ziele zu verfolgen, besteht die Gefahr, dass man seine Macht missbraucht. Der Mensch beginnt ohne Rücksicht auf die Interessen und Gefühle anderer zu handeln. Er will andere dominieren und erreichen, dass sie das tun, was er von ihnen will, selbst wenn er sie dazu manipulieren muss. Charakteristische Merkmale dieses egozentrischen Verhaltens sind Arroganz und eine übertriebene Selbstdarstellung. Für Assagioli hat daher ein Wille, den man als einen „gut entwickelten Willen“ bezeichnen könnte, drei Dimensionen.

Erste Dimension:

Starker Wille **(strong will)**

Elemente:

Energie – Kraft – Stärke

Qualitäten:

- Entschlossenheit
- Durchsetzungsvermögen
- Ausdauer
- Selbstbehauptung
- Abgrenzung

Kraft und Stärke sind nur eine Dimension dessen, was man braucht, um ein Ziel zu erreichen.

Zweite Dimension:

Geschickter Wille **(skillful will)**

Elemente:

Vernunft – Intelligenz – Sachlichkeit

Qualitäten:

- Effizienz
- Planung
- Konsequenzen erkennen
- Erfolgsaussichten einbeziehen
- Eigene Kräfte organisieren
- Streben nach Qualität
- Streben nach Klarheit

Der oder die Betreffende stellt sich Fragen wie: „Welche Möglichkeiten habe ich, welche Wege gibt es, um mein Ziel zu erreichen? Aber nicht „Welche Konsequenzen hat mein Handeln, je nachdem für welchen Weg ich mich entscheide?" Stärke und Cleverness zusammen richten bei egozentrisch orientiertem Handeln großen Schaden an, da andere geschickt manipuliert und ihre Schwächen bewusst ausgenutzt werden.

Diese noch egozentrische Grundhaltung wird nach Assagioli erst in einer weiteren Dimension überwunden.

Dritte Dimension:

Guter Wille **(good will)**

Elemente dieser Dimension:

Liebe – Verbundenheit – Mitgefühl – Empathie

Qualitäten:

- Einbeziehen der Bedürfnisse anderer
- Gebrauch von Macht zum Wohle des Ganzen
- Kooperationsbereitschaft
- Bereitschaft zum Guten
- Verantwortung für Umwelt, Natur und Kreatur

In der dritten Dimension geschehen Wollen und Handeln aus dem Gefühl der Verbundenheit mit allem: anderen Wesen, der Natur, wie aber auch mit sich selbst. Sowohl die eigenen Bedürfnisse als auch die Bedürfnisse anderer werden mit in die Überlegungen einbezogen. Das Element Verbundenheit ist der Kern dieser Dimension. Wenn alle drei Dimensionen sich im bewussten Handeln verbinden, steht der Wille im Einklang mit einem verantwortungsvollen Handeln. Aber ein guter Wille, d.h. nur gute Absichten, hat ohne die Elemente Kraft und Vernunft keine Erfolgsaussichten. Es kann passieren, dass jemand „guten Willen“ zeigt, ihm aber die Kraft oder die Klugheit fehlen, um das Erstrebte zu erreichen.

„Liebe und tue, was du willst!“

Der Kirchenlehrer Augustinus (354 n. Chr. – 430 n. Chr.) brachte die Einbeziehung dieser dritten Dimension auf den Punkt. Der Wille wird durch Liebe von egoistischem Handeln befreit. Gemäß des Gebotes: „Du sollst deinen Nächsten lieben wie dich selbst!“ (Lev 19,18 EU) aus der Tora des Judentums wird deutlich, dass Handeln aus Liebe zu sich selbst nichts mit Egoismus zu tun hat.

Wird Handeln aus diesen drei Dimensionen zur Grundhaltung eines Menschen, versteht man weshalb Arthur Schopenhauer den Charakter und den Willen eines Menschen in enger Beziehung sah. Er stellte fest, dass „man wissen muss was man will und was man kann. Erst dann kann man Charakter zeigen und etwas Rechtes vollbringen.“

Liebesfähigkeit

Liebe ist ein Begriff, der so häufig missbraucht wird, dass es wichtig ist, hier zunächst ein Verständnis dafür zu schaffen, was es bedeutet, als Erwachsener zu lieben. Der „Kind-Erwachsene“ versteht unter Liebe häufig etwas, das keine ist.

Qualitäten von Liebe

Bedingungslosigkeit

Liebe ist bedingungslos. Man muss sie sich nicht verdienen. Sie geschieht einfach in der reinen Erfahrung von Verbundenheit mit einem anderen Menschen, einem Tier und der Natur im Allgemeinen. Ohne dieses Gefühl der Verbundenheit gibt es keine Liebe. Sie wird auf einer tiefen menschlichen Ebene wahrgenommen und überschreitet rationales Denken und die damit oftmals verbundenen Absichten. In der bedingungslosen Liebe nimmt man den anderen so an, wie er oder sie ist. Hat man Probleme mit bestimmten Verhaltensweisen des anderen, heißt das nicht, dass man ihn oder sie deshalb weniger liebt. Eine Mutter berichtete mir einmal, dass sie, wenn sie ihr Kind wegen seines Verhaltens kritisiert, immer gleichzeitig betont, dass dies keinen Einfluss auf ihre Liebe zu ihm hat.

Gelingt es, dass ein Kind sich immer angenommen fühlt, sind kritische Worte von Mutter und Vater oder anderen Bezugspersonen nicht mit der Angst vor Liebesverlust verbunden. Aber – und das ist wichtig zu betonen – selbst wenn man das als Kind nicht so erfahren hat, ist es trotzdem möglich, die bedingungslose Annahme in einer Beziehung zu üben und sie täglich zu praktizieren.

Mitgefühl und Empathie

Im Mitgefühl drückt sich Verbundenheit mit dem anderen aus. Ein Mensch, der mitfühlt, ist in der Lage, sich in den anderen hineinzuversetzen. Er empfindet sowohl Leid als auch Freude mit. Problematisch wird sein Mitgefühl dann, wenn er mit dem anderen mitleidet. Denn damit ist niemandem geholfen. Durch Mitgefühl nehme ich am Leben des anderen teil, spüre, was in ihm vorgeht. Fühlt jemand aufrichtig mit, erfährt der andere dies im Allgemeinen als wohltuend und auch tröstend. Mitgefühl wird ausgedrückt, indem man jemanden etwa in den Arm nimmt, wie es Mütter im Normalfall häufig mit ihren Kindern tun.

Auch Empathie ist ein Ausdruck von Verbundenheit und Mitgefühl. Durch sie wird Interesse am anderen und Verständnis für ihn oder sie signalisiert. Das ist etwas anderes, als zu sagen, dass man einen Menschen sympathisch findet.

Empathie zu Menschen zu empfinden, die einem nicht sympathisch sind, ist eine große Herausforderung, weil oftmals Vorurteile und Projektionen eine Rolle dabei spielen, ob uns ein Mensch sympathisch ist oder nicht.

Liebe zu erfahren, ist ein Bewusstseinszustand, in dem Verbundenheit mit dem anderen gefühlt wird. Dieses Gefühl ist in jedem Menschen im Kern angelegt. Es wird im Leib der Mutter erfahren. Auf einer tieferen Ebene kann ein Mensch es immer wieder erfahren und erkennen, dass er nicht wirklich von anderen Menschen, wie auch der Natur generell, getrennt ist. Der ursprüngliche Bewusstseinszustand von Verbundenheit und die daraus resultierende bedingungslose Liebe ist offensichtlich bei vielen Menschen auf dem Weg ins Erwachsenenleben verloren gegangen. Eine Teilnehmerin meiner Workshops sagte mir einmal, dass sie diese Verbundenheit nicht mehr fühlen könne. Das Gefühl des Getrenntseins führte zu großen Problemen in ihren Beziehungen.

Bei einem Kleinkind ist die Erfahrung von Verbundenheit noch auf natürliche Weise vorhanden. Es drückt seine Liebe einfach aus, etwa indem es sagt: „Mama, ich mag dich". Es stellt noch keine Bedingungen. Dann aber kommt das, was wir Erziehung nennen. Dem Kind wird vermittelt, dass es etwas tun müsse, Bedingungen erfüllen müsse, um geliebt zu werden. Wenn Liebesentzug zum Beispiel bewusst als ein Mittel eingesetzt wird, um ein Kind dazu zu bewegen, das zu tun, was man von ihm erwartet, wird die Liebe verfälscht, die einfach da ist, ohne dass das Kind etwas dafür tun müsste. Das Kind empfindet diesen Liebesentzug als eine Bedrohung, denn es ist ja abhängig von der Gunst seiner Eltern. Es kann sich noch nicht alleine versorgen.

Der Begriff Liebe wird so in unserer Gesellschaft häufig für etwas verwandt, was mit Liebe nichts zu tun hat. Durch Liebesentzug versucht der Erwachsene schließlich andere Menschen zu manipulieren, um seine Ziele zu erreichen.

Verstünde man Erziehung als liebevolle Begleitung eines Kindes auf seinem Weg zum Erwachsenen, wären damit andere Qualitäten verknüpft. Das Problem aber ist, dass das Umfeld, Eltern und Erzieher, selten selbst den Grad eines reifen erwachsenen Menschen erreicht haben. Auch sie haben eine Erziehung erfahren und setzen überwiegend das fort, was ihnen als Kindern vermittelt worden ist. In anderen Bereichen ist es selbstverständlich, dass man auf Aufgaben, die mit einer hohen Verantwortung verbunden sind, entsprechend vorbereitet wird. Für die Elternaufgabe, Kinder auf dem Weg zum reifen erwachsenen Menschen zu begleiten, gibt es eine solche Vorbereitung nicht.

Meistens sind Eltern, die ihre Kinder erziehen, davon überzeugt, dass ihr Verhalten gut für ihr Kind sei. „Ich habe es doch nur gut mit dir gemeint", hört man sie dann später sagen. Aber gerade dieses „Gutmeinen" ist das Verhängnisvolle.

Liebe überwindet den Egoismus, aus dem heraus ein Mensch nur seine eigenen Bedürfnisse wahrnimmt und erfüllt. Er fühlt sich verbunden, nicht nur mit einem bestimmten Menschen, sondern mit allen Menschen, mit den Tieren, mit der Natur.

Häufig habe ich Menschen sagen hören, dass sie zwar von ihren Eltern gut „versorgt" worden seien, aber Liebe hätten sie nie gespürt. Auch im Umgang der Eltern miteinander war von Liebe nichts zu fühlen. Daraus ergibt sich die Frage, ob man trotz des Mangels an Erfahrung, andere Menschen wirklich lieben lernen kann.

Der Schlüssel zum Weg in die Liebe ist das allen bekannte, aber selten wirklich umgesetzte christliche Gebot, das lautet: „Liebe deinen Nächsten wie dich selbst!" Was bedeutet es, das Gebot wirklich wörtlich zu nehmen und es zu befolgen? Richtig. Um den anderen wirklich zu lieben, müsste man zuerst einmal sich selbst lieben. Das drückt auch der Titel eines bekannten Buches von Eva-Maria Zurhorst aus: *„Liebe* *dich selbst und es ist egal, wen du heiratest*". Das mag zunächst provozierend klingen, wahrscheinlich ist es auch nicht ganz egal, wen man heiratet, aber aus der Grundhaltung, dass ich mich selbst liebe, gehe ich nicht mit der Bedürftigkeit nach Liebe in eine Partnerschaft. Ich kann mir Liebe immer auch selbst geben.

Meine Erfahrung ist, dass in der christlichen Praxis die Aufforderung des Gebotes nur in verkürzter Form übrig geblieben ist: „Liebe deinen Nächsten", und daraus entstand dann der Begriff Nächstenliebe.

Die Liebe zu sich selbst, so habe ich es immer wieder in Gesprächen erfahren, wird meistens als egoistisch betrachtet. Das ist fatal! Denn wir können andere nicht lieben, wenn wir uns nicht selbst lieben. Bei meiner Arbeit wandle ich die Aufforderung gerne um in „Nimm den anderen so an wie du dich selbst annimmst!"

Denn: Wer nimmt sich schon so an, wie er ist? Viele Menschen haben ein solch negatives Bild von sich, das sich das in einem mangelnden Selbstwertgefühl niederschlägt. Indem wir uns mit dem identifizieren, was wir als negativ an uns wahrzunehmen, erlernt haben, fällt es schwer, sich anzunehmen, wie man ist. – Bei Menschen, die sehr kritisch mit sich selbst umgehen, dominiert das „Eltern-Ich". Wer so kritisch mit sich selbst ist, geht auch kritisch mit anderen um.

Man kann die Aufforderung, die in dem oben zitierten christlichen Gebot enthalten ist, auch so formulieren: „Wenn du andere wirklich lieben lernen möchtest, musst du dich erst selbst lieben lernen". Ich habe das Wort „lernen" hinzugefügt, weil es sich um einen Prozess handelt, den man anstoßen kann: Zu lernen, sich selbst so anzunehmen, wie man ist, bedeutet nicht, dass man nichts mehr an sich verändert, sondern es geht darum, eine gute Beziehung zu sich selbst herzustellen, damit man auch zu anderen Menschen gute Beziehungen aufbauen kann. Das geschieht, indem man sich selbst als ein wirklich guter Freund begegnet, dessen Bedürfnisse und Wünsche man kennen lernen möchte, dem man aber auch helfen möchte, Probleme zu überwinden.

Ein anderer und möglicherweise einfacherer Weg hin zur Selbstannahme ist, als jetzt Erwachsener seinem immer noch vorhandenen „Inneren Kind“ zu begegnen. Ziel ist es, in einen möglichst liebevollen Kontakt mit dem Kind in sich zu kommen, also mit sich selbst, und sich die dort entdeckten Bedürfnisse, Wünsche und Sehnsüchte so weit wie möglich selbst zu erfüllen. Im Klartext heißt das dann auch bereit zu sein, seine eigenen Bedürfnisse wieder wahrzunehmen und selbst die Verantwortung dafür zu übernehmen, dass sie erfüllt werden. Das ist der Weg zur emotionalen Unabhängigkeit! Es ist der Weg zur Selbst-Liebe, die schließlich zur Liebesfähigkeit führt. Wer sich selbst einschließlich all seiner Macken und Schwächen annimmt, genau so wie er oder sie ist, wird auch im Umgang mit anderen Menschen großzügiger, toleranter und damit auch liebesfähiger sein.

Liebesfähigkeit, als ein Bewusstseinszustand von Verbundenheit und Annahme, überschreitet dann die Verzerrungen von Liebe, die durch das Ego geprägt sind. Es ist die dritte Dimension des Willens, der „Gute Wille“, der diese Überschreitung möglich macht.

Woran bemerken Sie, dass die Liebe, die Sie leben, verzerrt ist. Sie ist es, wenn sie

- mit Bedingungen verknüpft ist,
- besitzergreifend ist,
- mit Abhängigkeit und Klammern verbunden ist,
- mit Verlustangst und Angst vor Zurückweisung verbunden ist,
- zur Unterwürfigkeit führt.

Es ist Liebe, wenn sie

- von einem Zustand innerer Verbundenheit geprägt ist,
- bedingungslos und altruistisch ist,
- mit Mitgefühl einhergeht,
- mit Hingabe verbunden ist (ohne Selbstaufgabe)
- aus einem guten eigenen Selbstwertgefühl geschehen kann.

Alleinsein

Der englische Titel des Buches von Chopra/Paul „Aussöhnung mit dem inneren Kind“ lautet „Healing Your Aloneness“. Der deutsche Titel ist also keine wortgetreue Übersetzung des Original-Titels, den die beiden Autorinnen gewählt haben. Möglicherweise wäre der Original-Titel in einer deutschen Übersetzung weniger attraktiv gewesen. Vielleicht hätte dann auch der Begriff „Inneres Kind“ nicht eine solch nachhaltige Wirkung gehabt. Aloneness bedeutet Alleinsein. Meiner Meinung nach hätte „Healing Your *Lonelyness*“ das im Buch behandelte Thema besser getroffen. Für mich hätte sogar ein Titel wie „Healing Your Lonelyness Through Experiencing Aloness“ gut gepasst. Das wäre aber wahrscheinlich einfach zu lang gewesen. Aber warum diese Überlegungen?

Es gibt einen wichtigen Unterschied zwischen Alleinsein und Einsamkeit. Alleinsein ist nicht mit einem Mangel verbunden, so wie es der Begriff der Einsamkeit ist. Man kann sich am Alleinsein erfreuen, diesen Zustand sogar immer wieder anstreben, um mit sich selbst in Kontakt zu kommen. Wörtlich bedeutet Allein(s)sein Eins-Sein mit Allem. Das trifft auf beide englische Begriffe zu: Aloneness und Lonelyness. Mit Einsamkeit ist ein Unbehagen verbunden, das aus einem empfundenen Mangel erwächst. Das Bedürfnis, mit anderen Menschen in Kontakt zu sein, wird nicht erfüllt. Alleinsein dagegen ist ein gewünschter und mit angenehmen Gefühlen verbundener Zustand.

Fühlt man sich einsam, ist es der Kontakt mit sich selbst, der mit unangenehmen Gefühlen verbunden ist. Da ist eine Stille, die schwer zu ertragen ist und der man mit Ablenkung und Zerstreuung aus dem Wege geht. In der Stille lärmen innerlich Gedanken und Bilder, die etwas ins Bewusstsein bringen, das man meistens lieber verdrängt. Was sich ins Bewusstsein drängt, sind oftmals Stimmen, die eine grundsätzliche Unzufriedenheit mit sich selbst und dem eigenen Leben signalisieren. Es können auch wieder Gefühle des „Inneren Kindes" sein, das diese Einsamkeit erlebt hat und dem diese Erfahrung jetzt schmerzhaft wieder bewusst wird. Man spürt, dass man mit sich nicht wirklich im Reinen ist, dass da etwas fehlt, was innerlich zufrieden machen würde. Um den unangenehmen Zustand zu vermeiden, schafft man Geräusche, die die Stille durchbrechen. Geräusche aus Fernsehen oder Radio mit Inhalten, die man gar nicht richtig wahrnimmt. Aber sie wirken.

Dagegen bietet ein bewusst angenommenes oder erst recht ein bewusst herbeigeführtes Alleinsein Raum für etwas, was mit Freude verbunden ist. Ruhe und Stille sind willkommen, werden genossen und man kommt in Kontakt mit sich selbst, seinen Gefühlen und seiner inneren Quelle, die kreative und intuitive Impulse vermittelt. Wenn das Denken allmählich weniger wird und nur noch die Gegenwart wahrgenommen wird, erfährt man Schönheit und nimmt mit allen Sinnen wahr, was ist. Der Bewusstseinsraum ist dann nicht mit Gedanken an Vergangenheit und Zukunft gefüllt, sondern es sind kreative Gedanken, die sich jetzt einstellen, die mit Einfällen, Inspirationen oder auch tieferen Einsichten verbunden sind. Man nimmt sich Zeit für sich und für die aus diesem Kontakt erfolgenden Impulse und Eingebungen. Das bedeutet, sich Zeit für Muße zu nehmen, ohne jeden Druck, irgendetwas tun zu müssen, da zu sein und diesen Zustand ganz zu genießen.

Bewusstes Alleinsein in innerer Stille und Gegenwärtigkeit bewirkt einen Zugang zu der Quelle tief in uns, die uns sowohl mit Freude als auch mit neuen und frischen Ideen versorgt. Wer Angst vor diesem Alleinsein oder auch vor einer möglicherweise ungewohnten Stille hat, ist von der Quelle in sich abgetrennt. Wer die Qualität des Alleinseins schätzen gelernt hat, wird auch verstehen, was Jean Paul Sartre meinte, als er sagte, dass sich derjenige, „der sich beim Alleinsein einsam fühlt, in schlechter Gesellschaft befindet". Welche Gesellschaft ist wohl gemeint? Die Gesellschaft des „Inneren Kindes", das schreit, um wahrgenommen und geliebt zu werden. Da ist aber immer gleichzeitig auch die Stimme des „Eltern-Ichs", des „Inneren Kritikers", dem man es nie gut genug machen kann, der immer irgendetwas an dem, was man tut und was man ist, auszusetzen hat.

Eine Sendung des SWR2 von und mit Margrit Irgang, hatte den Titel „Allein und doch nicht einsam. – Vom Glück, nicht immer Gesellschaft zu brauchen." Darin sagt sie: „Was für ein großer Bogen: von der bedrängenden Einsamkeit in die Allverbundenheit!", und zitiert die Soziologin und Psychotherapeutin Ursula Bernauer: „Alleinsein muss man lernen, so wie man das Leben lernen muss". Das Fazit der Sendung: „In der Stille können wir entdecken, dass wir mit allen und allem, was ist, verbunden sind. Wer diese Verbundenheit einmal erfahren hat, wird sich nicht mehr einsam fühlen, auch wenn er auf der Alltagsebene lieber nicht alleine wäre."

Die Angst vor der Einsamkeit hat einen enormen Einfluss auf unser Leben, auch als Erwachsener. So gibt es Menschen, die in Beziehungen, die eigentlich keine mehr sind, nur deshalb bleiben, weil sie Angst vor der Einsamkeit haben. Nach meiner Erfahrung gilt das für Männer sogar noch mehr als für Frauen. Wer die Angst vor Einsamkeit einmal überwunden hat, lebt völlig anders. Er oder sie kann klarer wahrnehmen und reflektieren, was in ihm oder ihr vorgeht, welche Bedürfnisse da sind und wie sie erfüllt werden können. Man übernimmt selbst die Verantwortung dafür, dass die eigenen Bedürfnisse erfüllt werden und erwartet nicht mehr, dass andere Menschen sie erfüllen.

Gelingt es, Einsamkeit in eine positive Einstellung zum Alleinsein zu transformieren, wie es Chopra und Paul in ihrem Buch andenken, entsteht eine neue Beziehung zu sich selbst, die von Akzeptanz, Wohlwollen und Wertschätzung geprägt ist.

Die Beziehung zwischen zwei Erwachsenen

Im vorigen Kapitel habe ich die Beziehung zwischen zwei „Kind-Erwachsenen" und zwischen einem „Kind-Erwachsenen" und einem reifen Erwachsenen beschrieben.

Hier noch einmal die Kriterien, die einen reifen Erwachsenen beschreiben, wie ich sie verstehe:

Der reife Erwachsene

- kann sich überwiegend selbst geben, was er braucht,
- übernimmt selbst die Verantwortung für seine Gefühle,
- schätzt das Alleinsein,
- will eine echte Partnerschaft, in der er oder sie wachsen kann,
- hat nur selten Verlustängste,
- freut sich sowohl am Geben als auch Nehmen,
- hat eine positive Einstellung zu Kritik, nimmt sie als Chance wahr, zu wachsen,
- kann lieben, ohne damit Bedingungen zu verknüpfen.

Ich meine, dass nur eine Beziehung zwischen zwei „Erwachsenen-Erwachsenen“ als eine reife Beziehung bezeichnet werden kann. Eine reife Beziehung bedeutet für mich:

- Man begegnet sich überwiegend auf einer sachlichen Ebene, hat Mut nachzufragen, wenn Mangel an Klarheit und Verständnis herrscht.
- Man kann sich aufeinander verlassen und strebt eine gute und für beide Seiten zufriedenstellende Lösung bei einer Auseinandersetzung an.
- Man spricht offen über seine Gefühle, ohne den anderen anzuklagen.
- Man schafft Raum und Zeit für Alleinsein und gewährt dies auch dem Partner.
- Bedürfnisse werden ausgetauscht. Es ist jedoch keine Bedürftigkeit vorhanden.

Eine reife Beziehung zu führen, bedeutet nicht, dass man dem anderen immer aus dem Zustand der Reife heraus begegnet. Gerade in Beziehungen kann es immer wieder Herausforderungen geben, bei denen man in Verhaltensweisen des „Kind-Erwachsenen“ zurückfällt. Das ist so lange nicht tragisch, wie man es selbst wahrnimmt und bewusst wieder in die Haltung eines „Erwachsenen-Erwachsenen“ wechselt. Macht man sich das Verhalten immer wieder bewusst, nimmt die Zahl der Rückfälle mit der Zeit deutlich ab.

Ein echtes Problem tritt häufig dann in Beziehungen auf, wenn einer der Partner sich weiterentwickelt hat oder zumindest auf dem Wege ist, der andere Partner oder die Partnerin aber noch häufig mit dem „Inneren Kind“ identifiziert ist, ohne dass er oder sie es erkennt oder es nicht erkennen will. Das führt dann zu einer Belastung der Partnerschaft, die auf der einen Seite sehr viel Geduld bei dem einen und auf der anderen sehr viel guten Willen zur Veränderung beim anderen erforderlich macht. Gespräche mit einem in der Thematik versierten Psychotherapeuten können hier hilfreich, wenn nicht notwendig sein.

Zusammenfassung

Im Kapitel „Alleinsein" habe ich die Psychotherapeutin Ursula Bernauer zitiert, die feststellte, dass man „Alleinsein wie das Leben lernen muss". Das gilt für die Entwicklung zu einem wirklich erwachsenen Menschen gleichermaßen. Der Schluss liegt nahe, dass man bereits in der Schule und anderen Bildungsstätten mit jungen Menschen anders umgehen müsste, um ihnen zu helfen, sich zu reifen erwachsenen Menschen zu entwickeln. Die im Kapitel angesprochenen Qualitäten:

- Verantwortung – basierend auf Freiheit und Bewusstheit,
- Gut entwickelter Wille,
- Liebesfähigkeit,
- Allein sein können

sollten zum Thema gemacht werden, damit die jungen Menschen aus eigener Kraft besser auf Beziehungen und Partnerschaften, auf das Leben vorbereitet sind. Sobald Eltern und andere Bezugspersonen neue Qualitäten vorleben und weitervermitteln, hätte die Aufgabe der Väter und Mütter, ihre Kinder vorbildlich auf dem Weg zum Erwachsenen zu begleiten, eine andere Wirkung. Anstatt hauptsächlich Sachkenntnisse in der Schule in den Vordergrund zu stellen, sollten besser Qualitäten vermittelt und vorgelebt werden, die das Kind auf dem Weg zu einem reifen und innerlich stabilen Erwachsenen führen. Dann erst wäre der Ausspruch „Nicht für die Schule, sondern für das Leben lernen wir" wahr. Da das derzeit nicht geschieht, müssen die Kinder später nachholen, was sie in

Bezug auf ihre Selbstwahrnehmung und Selbstakzeptanz versäumt haben. Das zu erkennen und die damit verbundenen Aufgaben ernsthaft anzugehen, verändert ihr Leben. Jeder Mensch hat die Chance, sich zu einem unabhängigen erwachsenen Menschen zu entwickeln. Es ist nie zu spät.

Fragen an Sie

Damit Sie die Inhalte des Kapitels für sich vertiefen können, stelle ich Ihnen hier einige Fragen. (Sie können die Übung auch mit einem Partner machen, der Ihnen den Text vorliest).

Welches waren die Kriterien, die einen reifen Erwachsenen als solchen qualifizieren? Wie hat die Zusammenstellung auf Sie gewirkt? Was haben Sie beim Lesen empfunden? Wo konnten Sie bei sich selbst Stärken und Schwächen ausmachen? In welchem Bereich möchten Sie sich weiterentwickeln.

Was würde sich in Ihrem Leben verändern, wenn Sie diese Qualitäten in Ihr Leben integrieren würden.

Übung

Die folgende Übung gibt Ihnen die Möglichkeit, mit Ihrem „Inneren Kind" in Kontakt zu kommen:

Schließen Sie Ihre Augen, beobachten Sie Ihren Atem und versuchen Sie ganz bei sich zu sein.

Versuchen Sie ein Bild von dem Kind, das Sie einmal waren vor Ihrem inneren Auge erscheinen zu lassen, gleich welchen Alters. Lassen Sie sich Zeit. Wenn es da ist, schauen Sie es sich an. Wie ist es gekleidet? In welchem Umfeld sehen Sie es? Sind noch weitere

Menschen da? Versuchen Sie ganz mit ihm allein zu sein. Vielleicht können Sie in seine Augen sehen. Schaut es Sie an? Wie schaut es Sie an? Was empfinden Sie für dieses Kind, das Sie einmal waren?

Nehmen Sie bewusst die Gefühle wahr, die Sie jetzt haben. Wie fühlt sich der Kontakt zu diesem Kind an? Was möchten Sie ihm jetzt gerne sagen? Sagen Sie es ihm. Wie reagiert es? Lassen Sie es etwas zu Ihnen sagen oder Sie etwas fragen. Geben Sie ihm eine Antwort. Was möchten Sie in der Beziehung zu diesem Kind ändern? Sagen Sie es ihm. Wie reagiert das Kind, wie antwortet es? (Gesichtsausdruck, Gesten oder Worte?) Vielleicht möchten Sie eine Abmachung mit ihm treffen, etwas wie einen Vertrag mit ihm schließen, oder ihm ein Versprechen geben. Sagen Sie ihm, was Sie in Zukunft anders machen möchten. Vielleicht antwortet es dazu etwas. Gehen Sie darauf ein.

Lassen Sie jetzt noch einmal alles zu, was im Kontakt mit dem Kind geschehen möchte. Vielleicht möchten Sie es in den Arm nehmen. Tun Sie das, was aus Ihrem Inneren heraus geschehen möchte.

Diese Übung und noch andere solcher Übungen finden Sie in dem Buch von Chopich/Paul „Aussöhnung mit dem Inneren Kind“. Zusätzlich existiert auch ein Arbeitsbuch zu diesem Thema.

Teil 2
Wer bin Ich?

Die Frage „Wer bin ich?“ ist eine Frage, die spirituelle Lehrer häufig stellen. Zum Beispiel Anthony de Mello (1931 – 1987), Jesuit und Psychologe. Er stellte sie in den Mittelpunkt seiner psycho-spirituellen Arbeit mit Menschen. Seine vielen weisen Geschichten schaffen es immer, ein Lächeln hervorzurufen. So auch die folgende Geschichte, mit der er diese Frage angeht.

Die großen Lehrmeister sagen uns, dass die wichtigste Frage der Welt sei: Wer bin ich? Oder auch Was ist das Ich? Was ist das überhaupt, das man das Ich oder das Selbst nennt? Meinen Sie etwa, Sie hätten sonst alles verstanden, nur das nicht? Meinen Sie, Sie haben die Astronomie samt ihren schwarzen Löchern und Quasaren verstanden, kennen sich mit Computern aus, und wissen nicht, wer Sie sind? Dann schlafen Sie ja immer noch. Sie sind ein schlafender Gelehrter? Wer ist denn derjenige, der versteht?

Mit schlafenden Gelehrten sind wohl die Menschen gemeint, die sich zwar ein großes Wissen angeeignet haben, sich aber trotzdem in einer Art Halbschlaf befinden, weil für sie die Frage, wer man wirklich ist, anscheinend ohne Bedeutung ist.

In einer anderen Geschichte macht Anthony de Mello die Problematik, die mit der Frage „Wer bin ich?“ verbunden ist, noch etwas deutlicher:

Eine Frau lag im Koma. Plötzlich hatte sie das Gefühl, sie käme in den Himmel und stände vor dem Richterstuhl.

„Wer bist du?“, fragte eine Stimme. „Ich bin die Frau des Bürgermeisters“, erwiderte sie.

„Ich habe dich nicht gefragt, wessen Frau du bist, sondern wer du bist.“

„Ich bin die Mutter von vier Kindern.“

„Ich habe dich nicht gefragt, wessen Mutter du bist.“

„Ich bin Lehrerin.“

„Ich habe dich nicht nach deinem Beruf gefragt, sondern wer du bist.“

Und so ging es weiter. Alles, was sie erwiderte, schien keine befriedigende Antwort auf die Frage zu sein: „Wer bist du?"

„Ich bin Christin."

„Ich habe dich nicht danach gefragt, welcher Religion du angehörst, sondern wer du bist.

„Ich bin die, die jeden Tag in die Kirche ging und immer den Armen und Hilfsbedürftigen half."

„Ich frage nicht, was du tatest, sondern wer du bist."

Offensichtlich bestand sie die Prüfung nicht, denn sie wurde zurück auf die Erde geschickt.

Als sie wieder gesund war, beschloss sie herauszufinden, wer sie war.

Die Antworten der Frau wurden als falsch abgelehnt, weil sie den Kern der Frage, nämlich wer sie wirklich sei, nicht getroffen haben.

„Um herauszufinden, wer man ist,
muss man erst entdecken, wer/was man nicht ist."

so der indische Weisheitslehrer Nisargadatta.

Schauen wir im Folgenden einmal genauer hin, was damit gemeint ist. Es gibt unendlich viele Möglichkeiten, was wir sein können. Nisargadatta sagt an einer anderen Stelle:

„Alles was du glaubst zu sein, bist du nicht."

Alles, was man glaubt zu sein, beginnt paradoxerweise mit „Ich bin". Es folgt „dies oder das". Doch es sind falsche Bilder, die man von sich selbst hat. Sie werden meistens vom Umfeld durch Sätze geschaffen, die mit „Du bist" beginnen und mit „dies oder das" enden. Die Botschaften werden verinnerlicht und haben eine Wirkung, vor allem, wenn sie sich wiederholen.

Der heranwachsende Mensch identifiziert sich damit. Aus den diversen Botschaften entwickeln sich falsche Identitäten mit entsprechenden Auswirkungen.

Im Laufe des Lebens folgen weitere Identifikationen. Die Frau in der Geschichte von Anthony de Mello nannte einige Beispiele:

Ehefrau, Mutter, Lehrerin, Christin und etwas, das sie oft tut: „Ich gehe jeden Tag in die Kirche und helfe den Bedürftigen."

Sie hätte auch antworten können: „Ich bin eine Deutsche, eine Frau" usw. Es gibt unendlich viele „Ich bin dies oder das". Wir identifizieren uns im Prinzip auch mit unserer Lebensgeschichte. Aber auch die Antwort: „Ich bin das, was ich gelebt habe", wäre wohl nicht zufriedenstellend gewesen.

All die falschen Identitäten und Identifikationen bilden etwas, das man Falsches Selbst nennen kann. Dieses Falsche Selbst ist aus all dem zusammengesetzt, was man glaubt zu sein, aber nicht wirklich ist.

Im zweiten Kapitel dieses Buches geht es darum, die richtige Antwort auf die Frage am Ende des Lebens zu finden, um ins „Paradies" zu gelangen.

Das, was man im Kern seines Wesens wirklich ist, ist das Wahre Selbst.

1. Ego und Falsches Selbst

Die Frage „Wer bin ich?“ stellt sich bereits das Kind, wenn es sich ganz allmählich als ein von anderen getrenntes Wesen erkennt. Es erwacht förmlich aus seinem bisherigen Bewusstsein von Einheit und Verbundenheit zu einem Bewusstsein, in dem es sich als ein getrenntes Wesen wahrnimmt. Es ist für sich selbst ein unbekanntes Wesen, das nichts über sich selbst weiß. Das Umfeld, Eltern und andere Bezugspersonen, vermitteln ihm, wer es ist. Daraus entwickeln sich Bilder, mit denen es sich identifiziert, die es meint zu sein. Aus den Bildern entstehen vermeintliche Identitäten, die im späteren Leben eine verhängnisvolle Wirkung haben können. Wie sie entstehen und welche Folgen sie haben, wenn der Mensch sich ihre Entstehung nicht bewusst macht, darum geht es in diesem ersten Kapitel.

Im zweiten Kapitel geht es dann um weitere Identifikationen, die sich im Leben nach und nach entwickeln. Daraus entstehen weitere falsche Bilder, die man von sich selbst hat.

„Alles, was du über dich selbst weißt,
kam von außerhalb.“
Stephen Wolinsky

Botschaften an das Kind – Erste Identitäten

Wie oben beschrieben, erfährt sich das Kind allmählich als von der äußeren Welt und anderen Menschen getrenntes Wesen. Es hat noch keine Identität, weiß noch nicht, wer oder was es ist. In ihm ist aber ein wachsendes Bedürfnis danach vorhanden, herauszufinden, wer es ist. Eine Identität vermittelt ihm die Sicherheit, zu wissen, dass es existiert. Das Bedürfnis nach einer Identität ist in der Natur des Menschen vorhanden. Das erste, womit sich das Kind identifiziert, ist der Name, mit dem es angesprochen wird. Anfangs gebraucht es nicht die Ich-Form, sondern spricht von sich selbst über diesen Namen, zum Beispiel „der Gisela schmeckt das nicht".

Durch Mitteilungen, die mit „Du bist dies oder das" beginnen, erfährt es mehr und mehr über sich. Die Botschaften sind häufig verbunden mit Bewertungen: „Du bist lieb oder böse, brav oder frech, geschickt oder ungeschickt, klug oder dumm", usw. Sie formen im Bewusstsein des Kindes nach und nach ein Bild von sich selbst. Je nachdem wie diese Botschaften sind, positiv oder negativ, erfährt das Kind auch etwas über den Wert, der ihm von seinem Umfeld beigemessen wird. Mit zunehmendem Alter entsteht allmählich das, was man gewöhnlich Selbstwertgefühl nennt. Erfährt man überwiegend Zuneigung, Liebe und Anerkennung, kann sich ein gutes Selbstwertgefühl entwickeln. Wenn das Kind hingegen überwiegend Gleichgültigkeit, wenig Zuneigung und Interesse, eher negative Botschaften über sich und sein Verhalten erfährt, ist ein negatives Selbstwertgefühl die Folge. Die Botschaften, die nicht nur durch Worte, sondern auch über das Verhalten vom Umfeld vermittelt werden, schaffen dann Identifikationen wie „Ich bin nicht gut genug", „Ich bin nicht liebenswert", „Ich bin nicht wert, wahrgenommen zu werden, dass man sich für mich interessiert", usw.

Die verinnerlichten Bilder von sich selbst, die sich in der Kindheit entwickeln, wirken häufig auch beim Erwachsenen noch weiter. Ihre Wirkung kann sehr ambivalent sein, denn alles hängt auch davon ab, ob die Botschaften aus der Kindheit, die das Bild geprägt haben, später bestätigt oder ihnen widersprochen wird. So leben viele Menschen ihr ganzes Leben lang mit den verschiedenen Identifikationen. Ihre Zufriedenheit mit sich selbst und dem Leben schlechthin hängt dann erheblich davon ab, wie man sich von der Umwelt wahrgenommen fühlt.

„Wenn du herausfinden willst, wer du bist,
musst du entdecken, wer und was du nicht bist!"

Nisarghadata

Dieser Aufforderung des indischen Weisheitslehrers ist einer seiner Schüler, der Psychologe Stephen Wolinsky, gefolgt. Seine Erkenntnisse vermittelt er in einem psychologischen Modell, das er Quantum-Psychologie nennt. Eine seiner Thesen, die er mit diesem Modell vertritt, lautet:

„Alles, was du über dich selbst zu wissen glaubst, stammt nicht aus dir selbst. Lass es also los!"

Er hat die Begriffe „Falscher Kern" und ein daraus resultierendes „Falsches Selbst" entwickelt. Er nennt dies auch ein „System falscher Identitäten".

Beispiel:

Falscher Kern:

Ich bin unvollkommen. Irgendetwas stimmt nicht mit mir.

Falsches Selbst (kompensatorische Strategie):

Ich versuche zu beweisen, dass mit mir alles in Ordnung ist und handle, als ob ich vollkommen wäre.

Wolinsky hat seine Quantum-Psychologie in mehreren Büchern dargelegt. Ich selbst habe 2001-2003 einige Seminare bei ihm besucht und anhand meiner Praxis habe ich seine Thesen vom „Falschen Kern" und „Falschen Selbst" noch erweitert und vertieft. Für mich gehören auch die Botschaften und Verhaltensweisen des Umfeldes dazu, die zu dieser falschen Identität geführt haben.

Neben der kompensatorischen Strategie habe ich miteinbezogen, dass man sich auch in Einklang mit der Feststellung „Ich bin unvollkommen" verhalten kann, indem man sich so verhält, als ob das auch so stimmt. Daraus ergeben sich aus dem „Falschen Selbst" zwei Strategien:

1. Ich beweise, dass es **nicht** so ist.
2. Ich beweise, dass es so ist.

Es stehen sich also zwei Möglichkeiten aus dieser falschen Identität gegenüber. Beispiel:

Wenn man als Kind überwiegend gehört hat, dass man alles falsch macht, dann kann es sein, dass man später alles tut, um zu beweisen, dass das nicht stimmt, indem man sich zwanghaft bemüht, alles richtig zu machen (Polarität 1). Oder die Reaktion kann sein, dass der betreffende Mensch durch seinen Mangel an Bemühen beweist, dass es so ist. Dann macht er eben alles falsch. Er resigniert. (Polarität 2)

Die möglichen Entwicklungen sind nicht zwangsläufig bei allen Menschen gleich. Genetische Eigenschaften und daraus resultierende Charaktermerkmale haben natürlich auch eine Auswirkung auf die Verhaltensweisen, die sich entwickeln.

Die Botschaften und die dadurch entstandenen Selbstbilder weisen auch darauf hin, inwieweit die im ersten Teil genannten Grundbedürfnisse in der Kindheit überwiegend erfüllt oder nicht erfüllt wurden. Die Erkenntnis darüber hat zur Folge, dass man mehr Klarheit über seine Verhaltensweisen und auch über seine Verletzungsgefahren in Beziehungen bekommt. Diese Defizite aufgrund nicht erfüllter Bedürfnisse in der Kindheit können rasch erkannt werden. Wird man sich der Zusammenhänge bewusst, kann man sein Verhalten verändern und sich nach und nach aus der Zwanghaftigkeit befreien, die mit diesen „Falschen Identitäten" verbunden ist.

Basierend auf den von Wolinsky aufgeführten „Falschen Identitäten" und den sich daraus ergebenden Konsequenzen habe ich ein Schema entwickelt, das sowohl die Ursachen als auch die Auswirkungen jeder einzelnen „Falschen Identität“ aufzeigt. Dieses Schema wurde zur Grundlage eines Seminars, das ausschließlich diese Falschen Identitäten und ihre Überwindung zum Thema hat, das ich seit 2003 anbiete und durchführe.

Dort arbeiten wir die Punkte in folgender Reihenfolge ab:

1. Die Identität „Ich bin … “
2. Botschaften, die zu dieser Identität geführt haben
3. Defizite, die damit verbunden sind.
4. Sich daraus ergebende Verhaltensweisen mit ihren Polaritäten.
5. Ängste und Zwänge, die mit dieser Identität verbunden sind.

Identität 1: *Ich bin unvollkommen*

Botschaften des sozialen Umfeldes:

„Mit dir stimmt irgendetwas nicht!“, „Du entsprichst nicht unseren Erwartungen!“, „Du bist unvollkommen!“

Defizit:

Mangel an Bestätigung, dass man o.k. ist wie man ist und nicht anders sein sollte.

Verhaltensweisen:

Polarität 1

Ein übertriebenes Bestreben, alles zu tun, um diese Bestätigung zu erhalten. Man verhält sich so, wie man glaubt, dass die anderen es erwarten und hofft, die Bestätigung dadurch zu erhalten. Man begegnet anderen immer aus der Grundhaltung, dass man versucht herauszufinden, was sie von einem erwarten. Dabei verbiegt man sich immer mehr, was von ihnen dann auch bemerkt wird und dazu führt, dass sie einen gezielt manipulieren können.

Das negative Bild von sich selbst kann auch dazu führen, dass man ständig danach sucht, was bei dem anderen nicht in Ordnung, unvollkommen ist. Denn wenn ich schon nicht in Ordnung bin, so wie ich bin, dann beweise ich dir, dass du es auch nicht bist. (Ich bin nicht o.k. – du bist nicht o.k.). Daraus ergibt sich eine Art Drang, beim anderen Negatives zu sehen und auch andere zu kritisieren.

Polarität 2

Man beweist, dass diese Identität stimmt, indem man zum Außenseiter wird, das tut, was in der Gesellschaft nicht in Ordnung ist. „Es ist richtig, ich passe mich nicht euren Normen an." Man nimmt dabei eine infantile Trotzhaltung ein. Wenn ihr meint, dass ich so bin, dann beweise ich euch, dass es stimmt.

Ängste:
Nicht zu genügen, wegen Unvollkommenheit abgelehnt zu werden.

Zwänge:
Bei allem Tun, perfekt sein zu müssen, sich keine Fehler zu erlauben. Das kann zu einem ständigen Krieg mit sich selbst führen, denn der innere Kritiker ist erbarmungslos.

Identität 2: *Ich bin nichts wert*

Das kann sich beziehen auf Aussehen, Körper, Sprache, Talente, Geschlecht (eigentlich solltest du ein Junge werden), individuelle Mängel und körperliche Gebrechen.

Botschaften des sozialen Umfeldes:
Du entsprichst nicht unseren Wertvorstellungen. Du bist nichts wert.

Defizit:
Mangel an Wertschätzung und als Folge mangelhaftes Selbstwertgefühl.

Verhaltensweisen:

Polarität 1

Um zu beweisen, dass dieses Bild nicht stimmt, versucht man, seinen Wert durch äußerliche Dinge zu beweisen: Statussymbole wie Titel, Prestige-Autos, tolle Häuser, auffallende Marken – bei Kleidung, Schmuck und Ähnlichem. Man verhält sich anderen gegenüber arrogant, stolz, eitel und herablassend und will damit seinen eigenen Wert beweisen. Indem man dem anderen von oben herab vermittelt, dass er oder sie nichts oder weniger wert sei. Das, was man hat, wird zum Gradmesser der Bewertung anderer Menschen.

Polarität 2

Man versucht erst gar nicht, seinen Wert unter Beweis zu stellen, etwa Fähigkeiten zu erproben oder zu erlernen, weil man glaubt, dass das sowieso nichts bringe. Man sieht sich als einen permanenten Versager, der keine Erfolge haben kann. Schnell gleitet man so in die Opferrolle: Armes kleines Ich ...

Ängste:
Angst vor Herabsetzung, Kränkung, übermäßige Angst bei Prüfungen.

Zwänge:
Immer wieder seinen Wert beweisen zu müssen oder genau das Gegenteil.

Identität 3: *Ich bin unfähig zu handeln*

Botschaften:
Das kannst du (noch) nicht! – Alles, was du machst, ist falsch. – Du wirst es nie zu etwas bringen. Du hast keinerlei Fähigkeiten.

Defizit:
Mangel an Anerkennung, Mangel an Vertrauen in seine eigenen Fähigkeiten.

Verhaltensweisen:

Polarität 1

Um seine Fähigkeiten zu beweisen, ist man überaktiv. Die Folgen können ein zwanghafter Leistungs- (Karriere-)Druck und eine Sucht nach Erfolg sein. Die Ergebnisse des eigenen Tuns werden als persönlicher Leistungsmaßstab genommen.

Polarität 2

Man beweist, dass man nichts kann, indem man sich erst gar nicht bemüht, etwas zu lernen, etwas zu erreichen. Man gammelt und jobbt, bringt selten etwas, wie Ausbildungen und Studium, zu Ende.

Ängste:
Kritisiert, abwertend behandelt zu werden, etwas nicht zu können.

Zwänge:
Sein Können ständig beweisen müssen. Sucht nach sichtbarem Erfolg und Karrieredruck.

Identität 4: *Im Vergleich zu anderen bin ich unzulänglich*

Botschaften:
Andere sind besser (liebenswerter) als Du! Du hältst dem Vergleich mit anderen nicht stand.

Defizit:
Das Gefühl nicht gleichwertig, sondern anderen unterlegen zu sein.

Verhaltensweisen:

Polarität 1

Zwanghaftes Bemühen, anderen zu zeigen, dass man besser ist. Ständige Suche nach Wettbewerb mit anderen, um sich zu beweisen. Es geht meistens nicht um die Sache, sondern in erster Linie darum, wie man im Vergleich zu anderen abschneidet. Neid und Missgunst können mit dieser Identifikation einhergehen.

Polarität 2

Völlige Identifikation mit dem Unterlegenen und Verlierer. Bevor man sich dem Wettbewerb stellt, gibt man bereits auf. Depressionen und masochistische Verhaltensweisen können damit verbunden sein. Man spricht hier häufig auch von „Looser-Mentalität".

Ängste:
Im Wettbewerb mit anderen, nicht bestehen zu können. Versagungsangst. Angst vor Selbstständigkeit und Eigenverantwortung. Angst vor Unterlegenheit in Beziehungen und in zwischenmenschlichen Kontakten.

Zwänge:
Sein Können ständig beweisen müssen. Sucht nach sichtbarem Erfolg und Karrieredruck.

Identität 5: *Ich bin nicht da – Ich existiere nicht (Sein)*

Botschaften:
Wir sehen dich nicht wirklich. – Du existierst für uns eigentlich gar nicht. – Wer bist du denn schon? – Eigentlich solltest du gar nicht da sein, wir haben dich nicht gewollt. Andere sind wichtiger.

Defizit:
Mangel an Aufmerksamkeit, Beachtung, Interesse und Zuneigung. Die Folgen daraus: Mangel an Selbstwahrnehmung und Selbstvertrauen.

Verhaltensweisen:

Polarität 1

Streben nach Aufmerksamkeit durch äußere Dinge, zum Beispiel auffällige Kleidung. Durch ein entsprechendes Verhalten auffallen, langes Reden oder auch Provozieren und Stören. Man will so auffallen, dass die anderen einen wahrnehmen müssen.

Polarität 2

Sich abfinden mit der Tatsache, uninteressant und langweilig zu sein. Sich als die „graue Maus“ verhalten. Sich zurückhalten und nicht auffallen. Beobachter in Gruppen sein, aber nicht wirklich teilnehmen.

Ängste:
Nicht wahrgenommen zu werden.

Zwänge:
Auffallen, um wahrgenommen zu werden.

Identität 6: *Ich bin schwach (Wille – Individualität)*

Botschaften:
Du hast nichts zu wollen. – Du tust das, was dir gesagt wird. – Du hast dich zu fügen. – Wir bestimmen, was gut für dich ist.

Defizit:
Mangel an Willen und Bewusstheit der eigenen Qualitäten. – Mangel an Vertrauen in eigenständiges und selbstständiges Handeln.

Verhaltensweisen:

Polarität 1

Sich grundsätzlich den Erwartungen und Wünschen widersetzen. Der Mangel an eigenem Willen wird durch infantile Eigenwilligkeit kompensiert. Sich nach außen stark zeigen. Wünsche und Erwartungen anderer nicht erfüllen, um seine Willensstärke zu beweisen.

Polarität 2

Völlige Aufgabe, selbst etwas zu wollen und zu entscheiden. Keine Selbstbestimmung, gelebt werden statt zu leben. Nicht selbst Verantwortung übernehmen. Ohnmacht, Machtlosigkeit, anstatt sich der eigenen Macht bewusst zu sein. Oft verbunden mit übertriebenem Sicherheitsbedürfnis. Man glaubt am Ende fest daran, dass es keinen Willen gibt.

Ängste:
Ohnmächtig gegenüber anderen zu sein. Sich nicht behaupten und durchsetzen zu können.

Zwänge:
Opposition einnehmen, dagegen sein müssen. Ja, aber ... Strategie.

Identität 7: *Ich weiß nichts (Wissen)*

Botschaften:
Du weißt überhaupt nichts. – Das kannst du noch nicht wissen. – Das wirst du nie lernen. – Das wirst du nie in deinen Kopf bekommen.

Defizit:
Mangel an Vertrauen in die eigene Lernfähigkeit und Erinnerungsfähigkeit. Dadurch ständige Angst, nichts oder etwas nicht zu wissen oder zu vergessen.

Verhaltensweisen:

Polarität 1

Zwanghafter Antrieb, durch Wissen anderen seine Überlegenheit zu zeigen. Es wird unersättlich Wissen angesammelt. Zwanghafter Druck, auf alles eine Antwort geben zu müssen.

Polarität 2

Sich gar nicht um Wissen bemühen. Versteht sich als Dummerchen, was zu Minderwertigkeitsgefühlen gegenüber anderen führt. Sagt nichts, um sich nicht zu blamieren.

Ängste:
Keine oder falsche Antworten zu geben. Nicht genügend zu wissen.

Zwänge:
Sein Wissen ständig unter Beweis stellen müssen.

Identität 8: *Ich verhalte mich nicht richtig*

Botschaften:
Das darfst du nicht. – Das gehört sich nicht. – Was habe ich dir gesagt? – Wie benimmst du dich wieder?

Defizit:
Mangelndes Vertrauen in das eigene Einsichtsvermögen, sich richtig zu verhalten.

Verhaltensweisen:

Polarität 1

Übermäßiges Bewerten und Kritisieren anderer. Man richtet und verurteilt, um dadurch zu demonstrieren, dass man genau weiß, wie man sich zu verhalten habe, was richtig und falsch sei. Man projiziert die eigene Unsicherheit auf andere.

Polarität 2

Man folgt übermäßig Regeln, Normen und Vorschriften, die Sicherheit geben. Man übernimmt so keine Verantwortung für sein Verhalten und hat keinen Bezug zur eigenen Freiheit. Zwanghaftes Streben nach Zustimmung durch andere zum eigenen Verhalten.

Angst, erwachsen zu werden, da damit Verantwortung für das eigene Leben verbunden ist.

Anderen Menschen wird meistens besonders übel genommen, wenn sie sich nicht an Regeln, Vorschriften und Richtlinien halten.

Ängste:
Sich falsch zu verhalten und sich damit zu blamieren. Angst vor Entscheidungen aus eigener Verantwortung. Angst, Regeln zu übertreten.

Zwänge:
Sich an anderen orientieren müssen, damit man bei falschen Entscheidungen nicht dafür verantwortlich gemacht werden kann.

Identität 9: *Ich werde nicht geliebt*

Botschaften:
Du bist nicht liebenswert. – Wir lieben, wir mögen dich nicht. Diese Botschaften werden eher nonverbal vermittelt, durch mangelnde Bestätigung, liebenswert zu sein sowie durch Worte und Grundhaltungen dem Kind gegenüber. Häufige Erfahrungen von Liebesentzug als Mittel vermeintlicher Erziehung.

Defizit:
Mangel an Liebe, Zuneigung und Wohlwollen.

Verhaltensweisen:

Polarität 1

Zwang zu beweisen, dass man liebenswert ist. Man erfüllt die Bedingungen und Ansprüche anderer, um dadurch Zuneigung und Liebe zu erfahren. Man wird zum „lieben Kind“, das immer das tut, was man von ihm wünscht. Kein Opponieren! Ist häufig kritisch und verurteilend zu sich selbst, kann sich selbst nicht lieben, sich nicht annehmen, wie es ist.
Man kennt seine eigenen Bedürfnisse nicht. Kontakt zum „Inneren Kind“ existiert wenig oder gar nicht. Hang zur ständigen Zerstreuung. Diese Menschen werden angezogen von sozialen Berufen, um hier Zuneigung und Dankbarkeit zu erfahren. Große „Burnout“-Gefahr, weil man schnell die eigenen Grenzen überschreitet, wenn man sie gar nicht mehr wahrnimmt.

Polarität 2

Völlige Identifikation mit dem inneren Bild, ein nicht liebenswerter Mensch zu sein. Man verhält sich dann genau so, um zu beweisen, dass es stimmt. Andere werden zurechtgewiesen, verletzt und bei jeder Gelegenheit mit Liebesentzug bestraft. Durch die Reaktion anderer auf dieses Verhalten, erfährt man die ständige Bestätigung des inneren Bildes. Wenn man solchen Menschen dann trotzdem freundlich begegnet, kann das sehr viel Verwirrung bei ihnen anrichten. Sollte das Bild doch nicht stimmen?

Ängste:

Angst vor Isolation, Zurückweisung und davor, verlassen zu werden. Angst vor dem Alleinsein. Angst, Nein zu sagen, weil man dann das Wohlwollen anderer verlieren könnte.

Zwänge:

Sich auf die Wünsche und Erwartungen anderer ausrichten, um keinen Liebesentzug zu riskieren. Glaubenssatz: Geliebt und gemocht zu werden, muss man sich verdienen. Oder man muss ständig beweisen, dass man nicht liebenswert ist. Trotzhaltung: Ich brauche euch nicht!

Zusammenfassung

Bei meinen Workshops stellten die meisten fest, dass auf sie nicht nur eine, sondern immer mehrere Identifikationen zutrafen. Vor allem wenn ein Mangel an Liebe, keine Verbundenheit erfahren wird, ergibt sich daraus auch meist ein Mangel an Bestätigung und Anerkennung, geringe Wertschätzung, Mangel an Aufmerksamkeit, Interesse usw. Es sind im Kern also wieder die zuvor genannten Grundbedürfnisse des Kindes, nach Verbundenheit und Wachstum, sich ohne äußere Zwänge, frei entwickeln zu können, die nicht erfüllt wurden.

Es wird wohl kaum Eltern bzw. entsprechende Bezugspersonen in der Kindheit geben, die die Bedürfnisse des Kindes nie oder immer erfüllen. Oft sind es auch die Großeltern, die das vermitteln, was die Eltern nicht geben konnten. Der Tod eines solchen Menschen, von dem sich das Kind wirklich geliebt fühlte, kann dann eine tiefe Lücke hinterlassen.

Die meisten Eltern und andere Bezugspersonen sind sich gar nicht bewusst, welche Folgen ihr Verhalten für die Kinder hat. Sie meinen, dass ihre Strenge, so würden viele es wahrscheinlich nennen, zur Erziehung gehört. Viele glauben, so das Beste für ihr Kind zu tun. Das ist das Fatale.

Es kann auch sein, dass die Bedürfnisse des Kindes im Elternhaus überwiegend erfüllt wurden, aber über das soziale Umfeld und auch in der Schule ein Mangel erfahren wurde. Auch das nimmt Einfluss auf das Bild, das man von sich entwickelt.

Möglicherweise gibt es auch Menschen, die keine dieser Defizite aus der Kindheit haben, weil ihre Grundbedürfnisse überwiegend erfüllt wurden. Wenn Sie dazu gehören, werden Sie sich jetzt besonders glücklich und dankbar fühlen, dass Sie so ein positives Bild von sich entwickeln konnten und demnach auch mit einem guten Selbstwertgefühl leben.

Defizite und Verhaltensweisen im Leben

Grundbedürfnisse in der Kindheit nur mangelhaft erfüllt bekommen zu haben und die daraus entstandenen Defizite beim Erwachsenen können das Ego stärken und Kräfte freisetzen, die zumindest im äußeren Leben zu Erfolgen verhelfen können. So versucht man mit einer beruflichen Karriere zu beweisen, dass nicht stimmt, was zum Beispiel häufig im Elternhaus zu hören war, „Aus dir wird niemals was“, „Schau dir andere an, wie tüchtig die sind“, „Du kannst das doch alles gar nicht“. Auch wenn es mit den schulischen Leistungen Schwierigkeiten gegeben und das Selbstwertgefühl darunter gelitten hat, kann der Antrieb enorm groß sein, etwas zu erreichen, was dann auch in der Öffentlichkeit wahrgenommen wird. Menschen, die ihre in der Kindheit nicht erfüllten Bedürfnisse jetzt als Erwachsene kompensieren möchten, erkennt man oft daran, dass sie sich übermäßig profilieren und glänzen wollen. Nicht selten ist es dann gerade dieses Verhalten, das wiederum zu Rückschlägen mit unliebsamen Folgen führt, bis hin zur Depression. Fällt das Verhalten bei Menschen auf, die in der Öffentlichkeit stehen, erfährt man in den Medien im Nachhinein häufig etwas über die Kindheit des Menschen. Es werden Ereignisse beschrieben, die mit Demütigungen in dieser Zeit zu tun haben. Wir alle kennen das Sprichwort „Wer angibt hat's nötig". Es nötig zu haben heißt hier, dass man diese Verhaltensweise braucht, um sich zu beweisen.

Wenn dem so ist, so könnte man leicht folgern, haben diese Defizite ja auch ihre Vorteile als Antrieb für Erfolg im Leben. Das würde stimmen, wenn diese Menschen mit dem, was sie erreicht haben, wirklich glücklich wären. Dem ist aber meist nicht so. Denn der zwanghafte Drang, der sie antreibt, bleibt selbst dann bestehen, wenn sie ihre Ziele erreicht haben. So treibt sie ihr Ego an, immer wieder aufs Neue beweisen zu müssen, dass sie wertvoll sind, hohe Leistungen bis zur Perfektion bringen können, anderen überlegen sind usw. – Man spricht häufig von krankhaftem Ehrgeiz. Mit „krankhaft" ist das Zwanghafte gemeint, das in diesen Menschen weiterlebt. Sie kümmern sich häufig wenig um ihre Gesundheit und einen sinnvollen Umgang mit ihren Energien und sind daher besonders anfällig für Burnouts und Infarkte. Der Kontakt mit sich selbst, mit Körper und Gefühlen ist schwach. Sie nehmen Signale des Körpers nicht wahr. Die Lebenskrise kommt mit Sicherheit, spätestens im Alter, wenn andere Werte ins Bewusstsein kommen, die einem bisher fremd waren. Es sind Werte, die weniger mit Erfolg, sondern mit dem Grad von Entwicklung als Mensch zu tun haben. Spätestens, wenn man seine berufliche Rolle im Ruhestand aufgeben muss, fallen besonders die Menschen in ein tiefes Loch, die sich bis dahin hauptsächlich mit dem Erfolg in ihrer beruflichen Rolle als Mensch identifiziert haben.

Andere Defizite können eine weitere lebensbestimmende Wirkung haben. Menschen, die wenig Zuneigung und Anerkennung erfahren haben, fühlen sich häufig von sozialen Berufen angezogen. Hier erhalten sie von Menschen, denen sie helfen, Dankbarkeit, Anerkennung und viel Wohlwollen für das, was sie für sie tun. Dies kann wie eine Droge wirken, die die Sucht nach Liebe und Anerkennung vorübergehend befriedigt. Ich hatte eine Krankenschwester in meinen Seminaren, die mit viel Freude und Energie ihre Arbeit im Krankenhaus machte, abends aber zuhause in ein tiefes Loch fiel und depressiv wurde. Ein Mensch, der diese Grundbedürfnisse von anderen Menschen erfüllt haben möchte, hat oftmals große Probleme, mit sich allein zu sein, weil da niemand ist, der ihm das gibt, nach dem er sich so sehnt. Er selbst kann es sich nicht geben.

Zusammenfassend lässt sich sagen, dass die Defizite die Funktionsfähigkeit eines Menschen auf dieser Welt fördern können, der Mensch selbst aber in seiner Entwicklung auf der Strecke bleibt. Irgendwann ist die Droge nicht mehr verfügbar und die Entziehungserscheinungen sind Depression und Unzufriedenheit im Leben. Es sei denn, man hält sich an andere Drogen wie Alkohol, die dann erneut als ein Betäubungsmittel wirken. Aber sie lösen die Probleme nicht, wie man weiß.

Identifikationen

Während im ersten Kapitel die Frage „Wer bin Ich?“ aus der Sicht des Kindes an sein Umfeld gestellt wurde, widmen wir uns jetzt der Frage „Wer bin ich?“ aus der Perspektive des

Erwachsenen. Wie beim Kind ist auch beim Erwachsenen ein Erwachen aus einem anderen Bewusstseinszustand die Ursache für diese Frage.

Für diesen Bewusstseinswandel kann es unterschiedliche Gründe geben. Lebenskrisen, Verluste, der Tod nahestehender Menschen, der Verlust des Arbeitsplatzes, eine Trennung und vieles mehr.

Das Erwachen kann in der Mitte des Lebens auch mit Fragen nach dem Sinn des Lebens verbunden sein. Da stellt man sich häufig Fragen wie „Woher komme ich?“, „Wozu bin ich hier?“, „Wohin gehe ich?“. Die zentrale Frage aber bleibt „Wer bin ich?“.

Wenn man sich vergegenwärtigt, wie oft wir in Sätzen wie „Ich bin dies oder das ...“ etwas über uns mitteilen, erkennt man die vielen Möglichkeiten, die es gibt, um sich mit etwas zu identifizieren.

Nisargadatta Maharaj sagte: „Um zu erkennen wer/was du bist, musst du zunächst herausfinden, wer/was du nicht bist. Finde alles heraus, was du nicht bist, Körper, Gefühle, Gedanken, Raum, Zeit, dies oder das. Nichts, was du abstrakt oder konkret wahrnimmst, kannst du sein. Gerade der Vorgang der Wahrnehmung zeigt, dass du nicht das bist, was du wahrnimmst. – Alles, was du glaubst zu sein, bist Du nicht!“

Es sind falsche Bilder, die wir von uns selbst haben, falsche Identitäten, die ihre Ursache in der Kindheit haben und die unser Leben bestimmen, wenn wir uns mit ihnen identifizieren.

Zu den ersten falschen Identitäten aus der Kindheit kommen noch etliche weitere hinzu, die sich im Laufe des Lebens entwickeln. Der Ausspruch „Ich bin dies oder das“ signalisiert die Identifikation. Man glaubt das zu sein, mit dem man sich identifiziert.

Herauszufinden, was wir glauben zu sein, das wir aber nicht wirklich sind, ist ein wichtiger Schritt auf dem Weg zum wahren Selbst. Im Folgenden gehen wir dem Phänomen der Identifikation weiter auf den Grund.

Arten von Identifikationen

Im Grunde ist es nichts Negatives, sich mit etwas zu identifizieren, sofern man sich bewusst damit identifiziert und sich dann auch wieder bewusst davon lösen kann. Je mehr sich ein Schauspieler mit seiner Rolle identifiziert, desto besser und überzeugender wird er sie spielen. Er identifiziert sich bewusst für die Zeit seines Auftritts damit. Wenn das Stück zu Ende ist, steht er auf der Bühne vor dem Publikum als der Mensch, der er wirklich ist. Sein Gesichtsausdruck hat sich verändert und er ist/spielt nicht mehr diese Rolle.

Anders ist es bei der Frau in Anthony de Mellos Geschichte. Als sie gefragt wird, wer sie ist/sei, beantwortet sie die Frage mit einer Reihe von Identifikationen:

Identifikation

- mit der Ehefrau (Ich bin die Frau des Bürgermeisters.)
- mit der Mutter (von 4 Kindern)
- mit der beruflichen Rolle (Ich bin Lehrerin.)
- mit der Religionsgemeinschaft (Ich bin Christin.)
- mit ihren guten Taten (Ich bin die, die jeden Tag in die Kirche ging und immer den Armen und Hilfsbedürftigen half.)

„Alles, was sich ständig verändert, kann ich nicht sein", eine weitere Weisheit von Nisargadatta. Die von der Frau genannten Identifikationen sind etwas, was sich ständig verändert. Von der Rolle der Ehefrau zur Mutter-Rolle und dann zur beruflichen Rolle. Selbst die Zugehörigkeit zu etwas wie einer Religionsgemeinschaft kann man ändern. Und auch das, was man

tut, ist veränderbar. Wer ist das aber, der diese Rollen spielt, vergleichbar mit dem Schauspieler, der weiß, dass er die Rollen spielt, sie ihn aber nicht ausmachen? Darüber später mehr.

Sich bewusst mit etwas zu identifizieren, kann eine sehr positive Wirkung haben. Wer sich in seinem Berufsleben mit dem Unternehmen, für das er arbeitet, stark identifiziert, hat gute Voraussetzungen erfolgreich zu sein, weil mit der Identifikation auch Energien freigesetzt werden. Der Mensch ist motiviert und hat Freude an der Arbeit. Er spielt die „Rolle" so gut er kann.

Wie der Schauspieler nach der Beendigung seines Rollenspiels, muss sich aber auch der Mitarbeiter nach der Beendigung seines beruflichen Rollenspiels, d.h. nach seiner Arbeitszeit wieder von der Rolle lösen können, um sie nicht im Privatleben weiterzuspielen, zum Beispiel den Manager, Lehrer oder auch den ständigen Helfer zu geben usw.

Auch im sportlichen Bereich sind Identifikationen häufig, so identifiziert man sich etwa mit einem Verein oder einer Mannschaft, in der man spielt. Je mehr man sich mit der Mannschaft identifiziert, desto mehr leistet man für sie. Das gilt auch für im sozialen Bereich engagierte Gruppen, bei denen sich dann leichter Erfolge einstellen. Es kann also durchaus eine positive Wirkung haben, sich mit etwas zu identifizieren, doch ist es wichtig, sich bewusst zu machen, dass wir diese Identifikationen nicht sind. Nach dem Spiel, nach den Aktivitäten, sollte man sich wieder davon lösen können.

Im ersten Teil dieses Buches habe ich die Auswirkungen beschrieben, die es hat, wenn man sich als erwachsener Mensch unbewusst mit dem „Inneren Kind" identifiziert. Es wurde deutlich, dass es schwierig ist, sich wie ein reifer Erwachsener zu verhalten, solange man mit seinem „Inneren Kind" identifiziert ist. Um seine Probleme zu lösen, müsste man die Identifikation zunächst erkennen, um dann auf die Identifikation mit einem „Inneren Erwachsenen" umzuschalten. Erst wenn man feststellt, dass man sich wie ein Kind verhält, kann man sich bewusst dazu entscheiden, sich wie ein echter Erwachsener zu verhalten.

Identifikationen mit Körper, Verstand und Gefühlen

Wenn Sie in einer Quizsendung gefragt würden, ob Sie oder Ihr Selbst Ihr Körper (A), oder Ihr Verstand mit seinem Denken (B) oder Ihre Gefühle (C) oder aber etwas seien, das dies alles hat (D)? Welchen Buchstaben würden Sie wählen?

Wenn ich diese Frage Teilnehmern in meinen Vorträgen oder Workshops stelle, wird überwiegend D genannt, jemand, der das alles habe. Damit sind wir wieder bei der Frage, wer das ist, der das alles hat. Schauen wir uns aber zunächst die Auswirkungen an, die eine starke Identifikation mit Körper, Verstand oder Gefühl haben können.

Identifikation mit dem Körper

Leitgedanke: ***„Ich empfinde meinen Körper, also bin ich"***

Wer sich überwiegend mit seinem Körper identifiziert, hat häufig große Angst vor dem Tod, weil die eigene Existenz identisch mit der Existenz des Körpers ist. Sobald man sich aber als etwas wahrnimmt, das nicht Körper ist, sondern diesen Körper hat, verändert sich etwas.

Bei Menschen, die sich mit dem Alter identifizieren, kann sich der Alterungsprozess des Körpers negativ auswirken. Besonders gut aussehende Menschen beziehen ihr Selbstwertgefühl oft aus der Attraktivität ihres Körpers. Werden sie älter und die Schönheit „verblasst", fühlen sie sich nicht mehr so wahrgenommen wie bisher. So liest man häufig von alternden Divas, die in eine Depression verfallen, weil ihr Selbstwertgefühl durch das Älterwerden negativ beeinflusst wurde.

Bei Menschen, die „weniger attraktiv sind", hat eine Identifikation mit dem Körper von Jugend an einen negativen

Einfluss auf das Selbstwertgefühl. Das Selbstbild ist geprägt von der Vorstellung: „Ich bin nicht attraktiv".

Identifikation mit dem Gefühl

Leitgedanke: *„Ich fühle, also bin ich"*

Wenn jemand überwiegend von seinen Gefühlen spricht, die ihm dies oder jenes vermitteln, dann ist das ein Hinweis darauf, dass dieser Mensch eine starke Identifikation mit seinen Gefühlen hat. Er leistet dann oft Widerstand, wenn jemand mit sachlichen Argumenten etwas vermitteln will, da für ihn das aus dem Verstand herrührende logische Denken keinen großen Einfluss hat. Es ist schwer mit diesen Menschen sachlich zu diskutieren.

Der mit seinen Gefühlen identifizierte Mensch hat einen starken Hang zu Sentimentalität und Romantik. Das führt dann auch häufig zu Enttäuschungen, wenn die reale Welt ihn aus der Gefühlswelt aufweckt.

Identifikation mit dem Verstand

Leitgedanke: *„Ich denke, also bin ich"*

Diese Identifikation ist vor allem in der westlichen Welt weit verbreitet. Descartes hat aus dem Drang nach Sicherheit und Gewissheit das „Cognito, ego sum" geformt, „Ich denke – Ich bin". Fälschlicherweise wurde dieser Spruch umgewandelt in „Cognito, ergo sum", was bedeutet „Ich denke, also bin ich". Die Identifikation mit Verstand und Denken, die durch die falsche Version gefördert wurde, hat zu dem Glauben geführt, dass der Mensch seine Existenz auf seinem rationalen Denken gründet, wie auch Prof. Wilhelm Vossenkuhl in einem Fernsehbeitrag erläutert. Erfahrungen von etwas, das wissenschaftlich nicht bewiesen werden kann, werden auch heute noch von den meisten als nicht existent abgelehnt. Ein Dilemma, das für vieles, was in unserer Welt falsch läuft, verantwortlich ist.

Wer sich mit dem Verstand identifiziert, hat nicht nur einen schlechten Zugang zu seinen Gefühlen, sondern kann auch nicht annehmen, was nicht über den Verstand erklärt werden kann. Damit erkennt er Erfahrungen und Einsichten von einer anderen Ebene, wie der Intuition, nicht an. Man spricht dann häufig von einem kopflastigen Menschen.

Eine Beziehung zu solchen Menschen ist mit besonderen Herausforderungen verbunden, weil ihre vermeintliche Sachlichkeit auf andere kalt und gefühllos wirken kann. Sie meinen, alles über den Verstand erklären zu können und wirken so häufig wie Besserwisser. Man findet sie häufig in der Wissenschaft, wo sie ihre „Wahrheit", dass der Verstand alles erklären kann, häufig bestätigt finden. Erfahrungen von Schönheit, zum Beispiel in der Natur, sind selten. Denn ein Mensch, der sich mit seinem Verstand identifiziert, kennt sich unter Umständen zwar sehr gut in den Zusammenhängen der Biologie aus, nimmt aber auch die Natur über dieses Wissen wahr, indem er alles benennen kann, aber unberührt von ihrer Schönheit bleibt.

Weitere Identifikationen

Identifikation mit dem Alter

Leitgedanke: *„Ich bin … Jahre alt"*

Auch die Identifikation mit dem „Ich bin … Jahre alt" hat, nicht nur dann, wenn man schon im oberen Bereich angekommen ist, eine Wirkung. Selbst in jüngeren Jahren schränken Menschen ihren Wirkungskreis durch ein „Ich bin … Jahre alt, das darf ich nicht mehr machen", extrem ein. Es gibt bestimmte Vorstellungen davon, wie ein Mensch in einem bestimmten Alter zu leben und sich zu verhalten, welche Probleme und sonstige Eigenarten er habe. Eine Identifikation mit dem „Ich bin 70 Jahre alt" macht die Vorstellung so lebendig, dass sie wirkt. Dabei wirken vor allem Erfahrungen nach, die man mit Menschen gemacht hat, die in diesem Alter waren, etwa die eigenen Großeltern. Die 70-Jährigen vor 50 Jahren waren aber zum Beispiel anders als viele 70-Jährige heute. Sie waren durchschnittlich weniger aktiv, schienen kränker zu sein und verhielten sich auch insgesamt anders. Auch die Umwelt hatte darauf Einfluss. So sprach man damals noch von „alten Menschen", nicht von „Senioren", wie man es heute häufig tut. Sich mit einem Senior zu identifizieren hat eine andere Wirkung. Man kann sich also von einer Identifikation lösen, indem man sein Alter anders formuliert! Sie können zum Beispiel sagen: „Ich habe kein Alter, lebe aber in diesem Körper seit ... Jahren." Das hat nichts mit Verdrängung zu tun. Sie nehmen das Alter und seine Folgen weiterhin wahr, vermeiden aber die üblichen Sprüche, die man so oft hört, wenn man irgendwelche Veränderungen feststellt, wie „man wird älter" oder ähnliches. Befreien Sie sich einfach von diesen Klischees. Die häufig gebrauchte Formulierung „Man ist so alt wie man sich fühlt" hat ebenfalls eine positive Wirkung, weil man sich dann so wahrnimmt, wie man wirklich ist. Und das ist durchaus realistisch, sofern Sie sich nicht wieder zu sehr mit Ihrem Gefühl identifizieren, sondern sich bewusst sind, dass Sie diese Gefühle haben und nicht sind.

In seinem Buch „Transpersonale Verhaltenstherapie" führt mein Sohn Harald außerdem die folgenden Identifikationen auf:

Identifikation mit dem Gedächtnis

Leitgedanke: *„Ich bin meine Biographie (Lebensgeschichte)"*

Menschen, die sich mit ihrer Lebensgeschichte identifizieren, nennt er die Resistenten. Sie können sich nicht von ihrer Vergangenheit lösen und meinen, dass eine Veränderung für sie nicht möglich sei. Die Gegenwart sehen sie immer in Bezug zur Vergangenheit.

Sie glauben, dass ihre Persönlichkeit das Ergebnis ihrer Lebensgeschichte ist, mit der sie sich identifizieren.

Leitgedanke: *„Ich erinnere mich, also bin ich"*

In diese Kategorie gehören Menschen, die Sätze sagen wie: „Die Vergangenheit war die schönste Zeit. So schön wird es nie mehr werden." Oder auch andere, die so sehr an dem, was sie gewohnt sind, anhaften, dass sie sich nicht verändern wollen und glauben, das auch nicht zu können. Häufig findet man ältere Menschen, die mit ihrem gegenwärtigen Leben nicht mehr glücklich sind. Anstatt in die Gegenwart zu kommen, haften sie an Vergangenheiten an, in denen ihr Selbstwertgefühl etwa von Erfolgen im Berufsleben genährt wurde. Sie leben und schwelgen in Erinnerungen und versäumen es, die Schönheit des gegenwärtigen Augenblicks wahrzunehmen.

Hinter der Verhaltensweise steckt oft auch eine Angst vor dem Neuen und nicht Vertrauten. „Ich möchte, dass es so bleibt wie es ist, weil mir das vertraut ist."

Identifikation mit der „guten Seele"

Leitgedanke: *„Ich diene, also bin ich"*

Mit dieser Identifikation können Glaubenssätze wie die folgenden verbunden sein:

„Ich bin dafür da, für andere Menschen da zu sein, ihre Erwartungen und Bedürfnisse zu erfüllen. Meine Existenz und mein Selbstwertgefühl sind davon abhängig, dass ich gebraucht werde und dass ich nützlich bin. Für mich gilt das christliche Gebot: „Liebe deinen Nächsten!" Den zweiten Teil, „wie dich selbst" lebe ich nicht. In meiner Vorstellung ist die Liebe zu sich selbst egoistisch."

Leitgedanke: *„Ich glaube, also bin ich"*

Im Leben geht es in erster Linie darum, an Gott zu glauben und seine Gebote zu erfüllen. Das gibt mir die Sicherheit nach, diesem Leben die Belohnung des ewigen Lebens im Himmel verdient zu haben. Zweifel an Gott und den Geboten der Kirche werden verdrängt, weil sie nicht sein dürfen, ja sündhaft sind. Ängste und Schuldgefühle sind hier der ständige Begleiter. Widerfährt einem Negatives, so wird das häufig bereits als eine Strafe für eigenes Vergehen betrachtet.

Die Essenz des aus diesen Identifikationen und Bildern entwickelten „Falschen Selbst" basiert auf dem Bewusstsein, von anderen Menschen, von der Natur und auch von dem, was wir in unserer christlichen Sprache Gott nennen, getrennt zu sein. Ich bezeichne das als Ego-Bewusstsein.

Identifikationen beherrschen uns

„Alles, mit dem wir uns identifizieren, hat uns, beherrscht uns. Alles, von dem wir uns desidentifizieren, haben wir und können es beherrschen."

Roberto Assagioli

Was passiert in uns wenn wir von einem Gefühl beherrscht werden. Nehmen wir das Beispiel „Ich bin wütend". Jeder kennt das Gefühl, wenn die Wut einen hat. Man reagiert dann mehr oder weniger unbewusst. Man sagt fürchterliche Dinge, verletzt andere, insbesondere dann, wenn man sie für die eigene Wut verantwortlich macht. Das kann Scherben verursachen, die nur schwer wieder zu beseitigen sind. Man sagt, tut etwas, was man nicht wirklich sagen oder tun wollte. „Ich war außer mir vor Wut", erklärt man dann gerne später. Das stimmt, man war nicht mehr bei sich, wurde von etwas beherrscht. Man handelte im Affekt und wusste nicht wirklich, was man tat.

Ganz anders ist das, wenn ich Distanz zu dem Gefühl schaffe, indem ich bewusst zum Beobachter des Gefühls werde. Sobald ich fühlen kann, dass ich die Wut *habe, bin* ich nicht mehr dieses Gefühl. Das Gefühl beherrscht mich nicht mehr, sondern ich kann es in dieser Distanz wahrnehmen, es beobachten. Das setzt Bewusstheit voraus. Ich spüre, was die Wut mit meinen Gefühlen, mit meinem Körper macht. Ich bin in der Lage, bewusst darauf zu reagieren. Im Grunde ist es kein Reagieren mehr, sondern ein Agieren. Während ich meine Wut beobachte, kann ich wählen, was ich wirklich sagen oder tun möchte, ohne dass ich es später bedauere. Ich bin nicht länger ohnmächtig, werde nicht mehr von dem Gefühl beherrscht, sondern erkenne, wenn ich wirklich einen Augenblick innehalte, dass ich eine Wahl habe, dass ich jetzt selbst bestimme, was ich sagen möchte.

Im Prozess der bewussten Wahrnehmung entsteht Distanz zu der Wut. Es geschieht, was Assagioli als „Desidentifizieren" in seinem Modell der Psychosynthese bezeichnet. (Siehe Anhang!)

Im Englischen spricht man von Disidentification. Das „Dis" scheint mir passender zu sein, ist in der deutschen Sprache aber nicht vorgesehen.

Manche meinen, dass man bei diesem Vorgang seine Gefühle verdrängt. Das Gegenteil ist der Fall! Man stellt sich dem Gefühl bewusst. Aus der Distanz schwächt es sich ab. Man spürt, dass man es jetzt beherrscht. In der Umgangssprache nennt man das auch Selbstbeherrschung. Der Vorgang, den ich am Beispiel der Wut geschildert habe, lässt sich auf andere Gefühle wie Trauer, psychischen Schmerz, Ärger, Enttäuschung usw. übertragen. Aus der sprachlichen Perspektive betrachtet, wird zusätzlich deutlich, was gemeint ist. Die Formulierung „da ist etwas, was mich enttäuscht" hat eine andere Wirkung als die Identifikation mit dem Gefühl, die mit „ich bin enttäuscht" ausgedrückt wird.

So ist es auch bei der Identifikation mit dem „Inneren Kind". Man erkennt, dass man das „Innere Kind" mit seinen Gefühlen und Erfahrungen in sich hat, aber man IST es nicht länger. Sobald man bemerkt, dass man sich damit identifiziert, ist man bereits innerlich in Distanz zu der Verletzung und hat die Wahl, sich wie ein erwachsener Mensch zu verhalten.

Identifikationen grenzen ab

Identifikationen haben eine trennende und abgrenzende Wirkung. Sich mit etwas zu identifizieren, stärkt das Gefühl des Getrenntseins, das in unserem Alltagsbewusstsein ständig vorhanden ist. Das Ego kann nur durch die vermeintlichen Identitäten existieren. Seine Wurzel ist der Überlebenstrieb. Die Identifikation gibt uns das Gefühl, das wir existieren.

Mit jeder Identifikation grenzen wir uns aber gleichzeitig von anderen ab. Dadurch entsteht erst der oder das Andere. Ich bin Deutscher und die anderen sind Ausländer. Ich bin Katholik und die anderen sind Protestanten, Muslime, Buddhisten, Atheisten usw.

Die Abgrenzung hat eine so starke psychologische Wirkung, dass man für seine Nation, seine Religion usw. bereit war und ist zu kämpfen, zu foltern und zu töten. Richard Rohr: „Wenn Sie jemanden hassen wollen und wenn Sie besonders bösartig, rachsüchtig, grausam und nachtragend sein wollen und wenn Sie sich dabei auch noch gut fühlen und ohne alle Schuldgefühle bleiben wollen, dann tun Sie das aus religiösen Gründen."

Die Geschichte liefert dafür unzählige grausame Beispiele. Leider nicht nur die Geschichte. Wir erleben diese furchtbaren Dinge jetzt im Namen des Islamismus. Die Terror-Organisation Islamischer Staat (IS) ist gegenwärtig eines der schrecklichsten Beispiele, mit welcher Grausamkeit und Brutalität man durch die Zugehörigkeit zu einer „religiös" motivierten Bewegung Andersgläubige ermordet. Dabei macht man auch vor Frauen und Kindern nicht Halt. Was jetzt im Namen Allahs geschieht, geschah über viele Jahrhunderte auch in unserer christlich geprägten Welt. Hass, Bösartigkeit, Rachsucht und Grausamkeit haben auch bei denen, die im Namen des christlichen Gottes folterten und mordeten, keine Schuldgefühle erzeugt. Im Gegenteil, sie haben sich gut dabei gefühlt, wenn man andere skrupellos zum „wahren Glauben“ bekehrte. Im grausamen Dreißigjährigen Krieg war es sogar der gleiche Gott, in dessen Namen man andere tötete. Immer sind es die „Gläubigen“, die die „Ungläubigen“ bekehren wollten oder ausgerottet haben. Ein anderes schreckliches Beispiel ist die christliche Missionierung der Ureinwohner Amerikas. Dann später die Sklaverei. Identifikationen bilden eine Grundlage für Rassismus und jede Art von Fanatismus.

In unserer christlichen Kultur hat sich zwar inzwischen einiges geändert, aber Hass, Abneigung und Grausamkeit gegen solche, die „anders“ sind, sind subtil immer noch sehr weit verbreitet. Der Grund hierfür ist die unbewusste Identifikation aufgrund des Gefühls, dazuzugehören.

Der Hass, der sich aus einer „falschen“ Zugehörigkeit ergibt, wird dann von entsprechenden Organisationen und Gruppen geschürt. Der Antisemitismus ist ein anderes schreckliches Beispiel für die Folgen, die eine solche unbewusste Abgrenzung hat.

Die verhängnisvollen Grenzen zwischen Gruppen von Menschen werden dadurch geschaffen, dass man sich mit etwas identifiziert. Die Auswirkungen bleiben meist unbewusst. Selbst wenn man sich mit einem Menschen, der man ja ist, identifiziert, zieht man eine Grenze zur Tierwelt und Natur. Die biblische Aufforderung „Macht Euch die Erde untertan!“ könnte dazu beigetragen haben, dass auch in unserer christlichen Kultur keine Schuldgefühle aufkommen, wenn man grausam zu Tieren ist, wenn man die Umwelt zerstört. Wir sind so durch unsere Kultur und Religion erzogen worden, dass wir meinen als Menschen etwas Besonderes, bilden uns ein „die Krone der Schöpfung“ zu sein, und so Tiere und

Natur ohne Schuldgefühle wie ein Industrieprodukt nutzen zu können. Daraus ist eine Homozentriertheit, das heißt ein Fokus auf den Menschen entstanden, die den Charakter von Egozentrik hat, das heißt, das „Falsche Selbst" in den Blick rückt, wie es später noch ausführlicher beschrieben wird.

Das hat zur Folge, dass Tiere durch Konsumsucht zu einem Produkt geworden sind. Wenn Menschen selbst dabei wären, wie die Tiere, deren Fleisch man isst, in der Massentierhaltung etwa bei der Aufzucht von Masthähnchen und Legehennen behandelt werden, würden sie wahrscheinlich keinen Genuss mehr beim Essen verspüren. Umweltzerstörung, das Abholzen des Regenwaldes sowie jede Art von Verhalten, das Natur und Umwelt schadet, hat seinen Ursprung in der „Erlaubnis", dass man sich alles „untertan" machen, das heißt alles zu seinem Wohl oder Spaß benutzen dürfe, ohne Schuldgefühle.

Was den Astronauten Alexander Gerst bei seiner Reise ins All am meisten beeindruckt hat, formulierte er so: „Was man tatsächlich da oben nicht sieht, sind Grenzen", berichtete er in seiner ersten Pressekonferenz seit seiner Rückkehr von der Raumstation ISS. „Das ist das, was einen da oben am meisten erstaunt, weil man aus dem Atlas an Ländergrenzen gewöhnt ist." Diese Perspektive zu verbreiten, bezeichnet er als sein wichtigstes Anliegen. „Wenn man da oben auf der Raumstation steht und wenn man dann sieht, wie viel Schwarz da herum ist, dann wirkt es grotesk, dass sich Menschen bekriegen und Wälder abbrennen, die wir zum Überleben brauchen. Das ist meine Botschaft." Über Facebook und Twitter hat er versucht, möglichst viele Menschen an dieser Erfahrung teilhaben zu lassen.

Kriege, Gewalt, Fanatismus und Terrorismus wie auch individuelles egoistisches Verhalten nehmen gegenwärtig in unserer Welt nicht ab, sondern eher zu. In der Politik herrscht überwiegend ein nationaler Egoismus. Das liegt daran, dass auch die Bürger bei ihren Wahlen die Parteien wählen, von denen sie sich die meisten Vorteile für sich erhoffen. Die Folge ist eine populistisch ausgerichtete Politik, die Wahlversprechen macht, um gewählt zu werden. Eine Partei, die aus Umweltgründen einen vegetarischen Tag vorschlägt, damit der umweltschädigend hohe Fleischverbrauch gedrosselt wird und zusätzlich auch noch die Reichen zur Kasse bitten will, wird im Vorfeld der Wahlen durch die Medien so heftig attackiert, dass sie Wählerverluste hinnehmen muss und die für die Vorschläge verantwortlichen Politiker, ihre Macht und ihren Einfluss in der Partei verlieren. Im Nachhinein werden die Vorschläge dann als Fehler „eingesehen" und man kehrt wieder zu einer Politik zurück, die in erster Linie versucht, sich den zum Teil egoistisch geprägten Vorstellungen der Wähler anzupassen. Diese vom Ego geprägten Einstellungen zeigen die Schwächen unserer Demokratie auf.

Edzart Reuter, ehemaliger Vorstandsvorsitzender von Daimler Benz und Sohn des früheren Regierenden Bürgermeisters von Berlin, hat diese Schwächen eines nationalen Egoismus in seinem Buch „Egorepublik Deutschland" gegeißelt. Er macht den Egoismus insbesondere der Bundesrepublik Deutschland dafür verantwortlich, dass die Entwicklung der nationalen Staaten zu einem Vereinigten Europa stagniert. „Wir sind zu einer Republik der Egoisten geworden, zur Ego-Republik Deutschland", schreibt er in diesem Buch.

Egozentrik wird in unserer Gesellschaft überwiegend als normales Verhalten angesehen. Wenn sich das nicht ändert, werden die Menschen sich selbst und die Erde, auf der sie leben, zerstören.

Im nächsten Kapitel gehen wir dem Wesen der Egozentrik noch ein wenig weiter auf den Grund.

Ego und Ego-Bewusstsein

Das Ego

Ego ist, wie wir alle wissen, der lateinische Begriff für „Ich". Er hat aber in der deutschen Sprache eine Bedeutung bekommen, die sehr schwammig ist. Auf der einen Seite wird er in Verbindung mit den negativ assoziierten Begriffen Egoismus, Egozentrik und egoistischem Verhalten gebraucht, auf der anderen Seite spricht man davon, dass man ein „gesundes" Ego haben müsse. Grundsätzlich bezeichnet man jemanden als egoistisch, wenn er überwiegend nur seine eigenen Interessen und Bedürfnisse bei seinen Entscheidungen berücksichtigt und keine Rücksicht auf die Bedürfnisse anderer nimmt.

Roberto Assagioli verbindet das Ego, wie wir es in unserer Sprache heute verwenden, mit einem Selbsterhaltungstrieb, der in jedem Lebewesen existiert. Bei Menschen, die ständig um ihr Überleben kämpfen müssen, ist der Trieb absolut notwendig. In Verbindung mit diesem Trieb hat das Ego also eine ganz natürliche Berechtigung, so wie auch andere Triebe, die wir mit den Tieren gemeinsam haben. Das Ego in uns kämpft also grundsätzlich um seine Existenz. In diesem Sinne ist ein egoistisches Verhalten, das zunächst einmal das eigene Überleben zum Ziel hat, wohl nichts Verwerfliches. Inzwischen sind aber die meisten Menschen in ihrer Existenz nicht mehr gefährdet. Der Trieb wirkt aber weiterhin zum Beispiel durch eine übertriebene Selbstbehauptung.

Man spricht sowohl von einem individuellen Ego, also dem Ego im einzelnen Menschen, als auch von einem kollektiven Ego, in menschlichen Gemeinschaften. Beide Egos existieren, indem Grenzen gezogen werden. Der Egoist grenzt sich ab von anderen und lebt ohne Verbundenheit mit seinem Umfeld. Sein Verhalten nennt man dann Egozentrik. Er ist nur auf sich fokussiert. Andere Menschen werden wie

Objekte benutzt, um eigene Ziele zu verfolgen. Das ist das Kennzeichen des Egoismus. Der individuelle Egoismus lässt keine wirklichen Beziehungen zu, weil die Grundlage hierfür, das Empfinden von Verbundenheit und Liebe, überwiegend ausgeschlossen sind.

Das kollektive Ego kann ebenfalls nur existieren, indem es sich von anderen kollektiven Gruppen von Menschen abgrenzt. Dazu braucht es wiederum die Identifikation mit etwas, das den Charakter dieser Gemeinschaft ausmacht: Nation, Religion, Glaube, Ideologie, usw.

Unglücklicherweise erfüllen die kollektiven Gemeinschaften mit einer gemeinsamen Identifikation ein wesentliches Bedürfnis des Menschen, die Sehnsucht nach Verbundenheit und Gemeinsamkeit. Durch das Gefühl der Zugehörigkeit, die Identifikation mit vermeintlichen Werten einer solchen Gemeinschaft, erfüllen sie die tief im Menschen existierende Sehnsucht nach Verbundenheit. Unglücklicherweise deshalb, weil es nur eine Ersatzbefriedigung für etwas ist, was nach der Verbundenheit mit *Allem* strebt. Was bleibt ist, dass man sich weiterhin abgespalten von der Ganzheit erlebt, jetzt nicht als individueller Mensch, sondern als Teil einer kollektiven Gruppe. Das Fatale ist, dass den Anführern kollektiver Gruppen, seien sie nationaler, religiöser oder rassistischer Art, blind gefolgt wird und man sogar bereit ist, sein Leben für die scheinbare Zugehörigkeit zu opfern.

Für das Kind ist der mit dem Ego verbundene Selbsterhaltungstrieb sehr wichtig. Es ist abhängig von anderen. Es braucht Identifikationen noch, um sich selbst als etwas, das existiert, wahrzunehmen. Die Überschreitung des Egos ist also erst dann sinnvoll, wenn der Mensch wirklich erwachsen und damit frei und unabhängig ist. Für den noch überwiegend mit dem Kind identifizierten erwachsenen Menschen, wäre der spirituelle Weg, auf dem man sich von allen Identifikationen löst und dem wir uns noch widmen werden, schwierig und auch nicht sinnvoll. So ist als erster Schritt grundsätzlich immer erst das Erwachen zum reifen unabhängigen Erwachsenen erforderlich, bevor man sich auf den Weg der Befreiung von unbewussten Identifikationen begibt.

Ego-Bewusstsein

Ich und Ego, wie im Abschnitt zuvor definiert, sind erst durch einen Bewusstseinssprung in der menschlichen Evolution entstanden. Es war der Sprung aus dem mythischen Bewusstsein in das mentale Bewusstsein. Der Bewusstseinsforscher Jean Gebser beschreibt das, was sich am Ende der mythischen Zeit entwickelte, „als etwas absolut Überwältigendes, das für die damalige Menschheit in demselben Maße beängstigend, schmerzhaft, Unruhe stiftend und Weltuntergangsvorstellungen auslösend war, wie das, was heute in unseren Tagen geschieht." Das Erwachen zum mentalen Bewusstsein ist, wie es das Kind auch irgendwann erfährt, mit einer getrennten Selbstwahrnehmung verbunden. „Ich bin der und der, und ihr seid die anderen." In diesem mentalen Bewusstsein steht dem Menschen dem Raum und den in ihm lebenden Wesen gegenüber.

Der Bewusstseinssprung wird im Sündenfall des Alten Testaments beschrieben. Eva hatte den Apfel vom Baum der Erkenntnis gepflückt und Adam auch dazu verführt, hineinzubeißen. Dann heißt es „Und sie erkannten, dass sie nackt waren". Ich interpretiere den Ausspruch als die erste Selbst-Wahrnehmung, die Wahrnehmung des Getrenntseins. Es geht um den Übergang aus einer Einheit zur Zweiheit, dem Beginn des mentalen und dualistischen Bewusstseins. Dieser Vorgang war auch ein Sprung in die Freiheit, denn aus ihm ergibt sich das, was man „Selbst" – Verantwortung nennt. Es war gleichzeitig die Geburtsstunde von Angst, der Angst vor Verlassenheit und Isoliertheit.

Die Theologie hat den Bewusstseinssprung mit einer Trennung von Gott gleichgesetzt. Die Nacktheit wurde so interpretiert, dass keine Verbindung mit Gott mehr vorhanden sei. Der Bewusstseinssprung wurde zur Erbsünde, was bedeutet, dass die Menschen von Natur aus mit Sünde behaftet seien und der Taufe bedürften, um wieder mit Gott verbunden zu werden.

Was immer man unter Gott versteht, die Erfahrung von Getrenntsein hat den vorher vorhandenen natürlichen Zustand von Verbundenheit im Bewusstsein zerstört. In dieser Einheit war man verbunden mit Gott, wie immer man ihn definieren mag. Ich meine, dass die wirkliche Sünde darin bestand, dass man in den Kirchen-Religionen den Menschen von Gott trennte, indem man ihn den Menschen als ein Gegenüber erklärte. Sünde im Sinne von Absondern.

Anstatt die Trennung des Menschen von Gott zu manifestieren, ist es die Aufgabe von Religionen, die Menschen dabei zu unterstützen, die Einheit eines Bewusstseins mit Gott wiederherzustellen. Religion kommt vom Wort „religio“ und bedeutet „wiederanbinden, wieder zur Einheit führen“.

Aus dem Erwachen zum mentalen Bewusstsein ist das Ego-Bewusstsein entstanden. Das in ihm wirkende Ego geht weit über den Selbsterhaltungstrieb hinausgeht. Es drückt sich beim Menschen von heute in einer übertriebenen Selbstbehauptung und Selbstdarstellung aus, dem Streben nach Macht über andere und anderes, in Rücksichtslosigkeit, Machtmissbrauch, Arroganz und im Stolz sowie Manipulieren anderer, um die eigenen Ziele zu erreichen.

Kennzeichnend für das Ego-Bewusstsein ist, dass man in diesem Bewusstsein keine Verbundenheit mit etwas, das außerhalb von sich selbst existiert, wahrnehmen kann. Der Ausspruch „Jeder ist sich selbst der Nächste“ charakterisiert diese Haltung. Das Verhalten ist zwanghaft und wird unbewusst aus einem verzerrten Überlebens-Trieb gesteuert.

„Dieses Ego, das kleine individuelle wie auch das große kollektive Ego wird in der Heiligen Schrift auch als Teufel oder Satan personifiziert. Durch diese Personifikation verleiht man dem Bösen ‚Wirklichkeit'", meint der Franziskaner Richard Rohr.

Man kann dies auch mit der Geschichte des gefallenen Engels Lucifer (Lichtträger) erklären, der sich von Gott getrennt hatte und dann zum Satan, zum Teufel wurde. Der Teufel ist somit das Symbol für die Trennung von Gott. Das Ego-Bewusstsein steht für die Trennung von einem „Wahren Selbst", das untrennbar mit etwas, was man als Gott bezeichnen kann, verbunden ist.

Dem Satan zu widersagen, wie es heute noch bei der Taufe vom Paten stellvertretend für den Täufling versichert wird, würde dann bedeuten, dieses Ego-Bewusstsein zu überwinden und sich allzeit der Präsenz des Göttlichen in sich bewusst zu sein.

Obwohl der Sprung ins mentale Bewusstsein, der ein Ich geschaffen hat, das Selbstwahrnehmung besitzt und die äußere Welt und ihre Wesen erkennen kann, etwas ganz Großartiges in der Evolution war, so geht damit auch ein großer Verlust einher. Es ist der Verlust der ursprünglichen Geborgenheit in der Erfahrung von Verbundenheit mit Allem.

Den Sprung aus dem Bewusstsein von Verbundenheit und Einheit, das auch das Baby im Mutterleib noch erfährt, zu einem dualen Bewusstsein, das die Illusion von Getrenntsein vermittelt, hat zu einer unermesslichen Sehnsucht im Menschen geführt, zu dieser Einheit und Ganzheit zurückzufinden. Es drückt sich aus in einem tiefen Bedürfnis, zu lieben und geliebt zu werden, um den Zustand von Getrenntsein zu überwinden. In der religiösen Sprache ist es die Sehnsucht nach der Vereinigung mit Gott. Auch hinter dieser Sehnsucht ist ein Trieb vorhanden, ein spiritueller Trieb, der jetzt im Menschen neben seinen anderen Trieben, die er mit der Tierwelt gemeinsam hat, zusätzlich existiert und ihn als Menschen von den Tieren unterscheidet.

Das ist der Grund dafür, dass kollektive Identifikationen Kompensationen für das (noch) unerfüllte Bedürfnis nach „Wiedervereinigung" sind. Man sucht die Zugehörigkeit mit etwas, was man mit anderen Menschen gemeinsam hat, was einen mit Gleichgesinnten verbindet. Das kann der gemeinsame Glaube an etwas in Verbindung mit einer Glaubensgemeinschaft sein, die gemeinsame Nationalität und vieles andere mehr, das Menschen durch gemeinsame Interessen und Glaubensmuster verbindet. Da gibt es die vielen Fans, die sich jedes Wochenende in großen Stadien zusammenfinden und ihre Mannschaft mit ihren Gesängen anfeuern. In der eingegrenzten kollektiven Identifikation wird Verbundenheit wahrgenommen. Man muss das einmal erlebt haben, um zu erkennen, dass die Fußball-Stadien von heute wie der Raum einer Kirche wirken, in denen Vereinshymnen und Treuelieder gesungen werden. Dass aus diesen Identifikationen auch wieder Rivalitäten entstehen, beweisen die Ausschreitungen der Fans gegenüber denen, die den „Gegner" unterstützen. Zur Identifikation gehört die Abgrenzung.

Bei der Forschung nach den Ursachen, weshalb sich auch in Deutschland Menschen islamischen Terrororganisationen anschließen, hat man festgestellt, dass es gerade das Bedürfnis war, Zugehörigkeit zu etwas zu erfahren, wahrgenommen und respektiert zu werden. Diese Bedürfnisse werden in den Organisationen erfüllt. Das ist dann häufig der Grund, weshalb Menschen einer Terrororganisation beitreten.

Leben aus dem Falschen Selbst

Alle falschen Identitäten, Bilder und Identifikationen mit etwas, was man zu sein glaubt, bilden insgesamt das, was man als „Falsches Selbst" bezeichnet. Es sind Bilder, die ein Mensch von sich selbst hat, die er glaubt zu sein. Sie sind und bleiben Bilder. So sind sie im wahrsten Sinne des Wortes *Einbildung*. Abgesehen von den Menschen, die die Bilder von sich als Täuschungen entlarvt haben, sind die meisten Menschen „ein-gebildet". Sie wissen nicht wirklich, wer sie sind. Sie sind „schlafende Gelehrte, wie Anthony de Mello sie bezeichnet. Sie wissen sehr viel, aber nicht, wer sie wirklich sind.

Man muss sich das Bewusstsein wie ein Behältnis vorstellen, in dem alles, mit dem man sich identifiziert, wie Daten in einem Computer auf der Festplatte gespeichert ist. So lebt man wie ein programmierter Roboter, nur dass Roboter zuverlässiger sind. Gehirnforscher sprechen von einem Autopiloten, der im Alltag überwiegend das Geschehen bestimmt.

Der bereits zuvor zitierte Franziskaner Richard Rohr hat in seinem erst in 2013 veröffentlichten Buch „Das Wahre Selbst" sehr ausführlich die Charakteristiken des „Falschen" und des „Wahren Selbst" beschrieben. Als katholischer Theologe geht er vor allem auf das „religiöse Falsche Selbst" ein:

„Das religiöse Falsche Selbst ist das beste und meistverteidigte Selbst überhaupt. Wenn Gott für uns persönlich zum Lakaien geworden ist, dann können wir andere vollkommen straflos hassen, foltern und töten. Das religiöse Falsche Selbst kann Rassismus, Sklaverei und Krieg rechtfertigen, Verrat und Betrug, und dabei keinerlei Schuld empfinden, sondern glauben ‚Gott einen heiligen Dienst zu erweisen' (Johannes 16,2). Das Ego findet immer eine Tarnung, also seien Sie vorsichtig mit Religiosität. Wenn Ihre Religion Ihr Bewusstsein nicht transformiert, ist sie eher ein Teil dieses Problems."

Erwachen zum Wahren Selbst

Vielleicht empfinden Sie die Beschreibung des „Falschen Selbst" mit seinen Auswirkungen als sehr übertrieben dargestellt. Denn es gibt ja auch viele Menschen, die überwiegend mit ihrem Leben glücklich sind, die Freude an vielen Dingen haben, gerade in unserer Zeit mit den vielen Angeboten. Und da sind doch auch viele Menschen, die nicht egoistisch sind, die viele gute Dinge tun, die Liebe erfahren und auch geben. Kann man nicht einfach in diesem Zustand, in dem die meisten Menschen sich befinden, sein Leben leben und lieben?

Dem kann man grundsätzlich nicht widersprechen. Viele Menschen haben sich irgendwie mit dieser Welt, mit ihrer Kultur und mit ihren Religionen eingerichtet. Sie versuchen das Beste daraus zu machen. Um das zu erreichen, bemühen sie sich, alles zu verdrängen, was Leiden und Schmerz hervorbringen könnte. So auch die im ersten Teil dieses Buches beschriebene Verwundbarkeit des „Inneren Kindes". Man schafft Aktivitäten und Zerstreuung, um den Kontakt mit sich selbst, seinem „Wahren Selbst", zu vermeiden.

Solange sich alles im normalen Rahmen abspielt, man die vielen schrecklichen Dinge, die in der Welt passieren und mit denen man durch die Medien konfrontiert wird, einfach ausspart, glaubt man, ein im Grunde glücklicher Mensch zu sein. Bis dann eine Krise kommt. Man verliert seinen Arbeitsplatz, wird von einem geliebten Menschen verlassen oder Probleme mit der Gesundheit stellen sich ein. Dann ist es aus mit diesem glücklichen Leben. Die vielen guten Ratschläge, wie man glücklich leben kann, die heute populär sind, haben keine Wirkung mehr. Manche fallen in eine Opferrolle, „Warum muss mir das jetzt geschehen, ausgerechnet mir?", werden depressiv. Oder sie beginnen sich grundlegende Fragen nach dem Leben überhaupt und seinem Sinn zu stellen.

Merkwürdigerweise – oder auch nicht – sind es gerade solche Krisen, die Menschen verändern. Dann ist es vorbei mit dem „schlafenden Gelehrten" und man erwacht zu einer anderen Bewusstseinsebene. Fragen, die man sich zuvor nie gestellt hat, treten in den Vordergrund. Fragen wie „Wer bin ich?" „Wozu bin ich hier?" „Wohin gehe ich?" Die Beschäftigung mit diesen Fragen und das damit einhergehende Suchen nach tieferen Antworten können dann zu einem Wendepunkt im Leben werden. Es ist so, als ob man zum eigentlichen Leben erwacht, aufgewacht ist aus einer Scheinwirklichkeit.

Eine andere Ursache dafür, sich plötzlich diese Fragen zu stellen, kann sich bei Menschen einstellen, die alles im Leben erreicht zu haben glauben, denen es eigentlich gut gehen könnte, die sich aber doch nicht als wirklich glückliche Menschen erfahren. Sie werden sich einer Sehnsucht bewusst, die durch all das, was sie im Leben erreicht haben, was nach allen ihnen bekannten Bedingungen zu einer vollen Zufriedenheit mit sich und ihrem Leben führen müsste, nicht gestillt wird. Es ist die Sehnsucht nach einem wirklichen Zuhause in sich, wo man Geborgenheit und Verbundenheit erfährt. Sie fragen sich: „Wer bin ich im Kern meines Seins? Was ist der Sinn meines Lebens?"

Das Gefühl, nicht erfüllt zu sein, der Mangel, den materielle Dinge nicht beheben können, scheint heute mehr und mehr Menschen bewusst zu werden. Sie stellen fest, dass auch andere sich mit diesen Fragen beschäftigen. Es leben immer mehr Erwachte, die mit ihren Erfahrungen helfen können, Antworten auf diese Fragen zu finden. Das drückt sich am deutlichsten in den vielen Büchern aus, die gegenwärtig dazu geschrieben werden. Zu keiner Zeit hat es so viele Möglichkeiten gegeben, sich mit diesen Fragen auseinanderzusetzen und sich dabei immer besser kennen zu lernen.

Fragen an Sie

> *Welche Identitäten und Identifikationen sind Ihnen vertraut? Welche Bilder haben Sie von sich selbst? Sind Sie absolut glücklich mit Ihrem Leben? Ist da etwas, was Ihnen fehlt? Gibt es Sehnsüchte nach etwas, die weitgehend oder überwiegend unerfüllt bleiben?*

Überwindung des Falschen Selbst

John Lennon hatte eine Vision darüber, was es bedeuten würde, wenn das kollektive Ego, das die Ursache für Gewalt in dieser Welt, Kriege und Morde, für alles Übel, verantwortlich ist, überwunden würde. Er hat diese Vision in seinem Song „Imagine“ zum Ausdruck gebracht. Der Song erklang bei der Eröffnungsfeier der Olympischen Spiele in London 2012, während im nicht weit entfernten Syrien ein erbitterter Bürgerkrieg herrschte, in dem sich Menschen gegenseitig umbrachten, und nicht nur dort. Er wurde umgebracht, vielleicht auch, weil er diesen Traum hatte. Man erinnert sich unverzüglich daran, wie viele andere, die diesen Traum hatten, ebenfalls umgebracht worden sind, wie Martin Luther King. Es erscheint mir fast wie ein Wunder, dass Mandela eines natürlichen Todes gestorben ist.

Zahlreiche Menschen haben in unserer Zeit zu einer Spiritualität gefunden, die keiner Zugehörigkeit zu einer Religion bedarf, sie aber auch nicht ausschließt.

Die Geschichte vom Verlorenen Sohn, der nach langen Irrungen und Verirrungen, wieder in das Haus des Vaters zurückkehrt, hat einen fast archetypischen Charakter für diese Verwandlung, weil sie bereits vor der christlich geprägten Zeit existierte. Sie macht nicht nur deutlich, was es bedeutet, sich vom Kern des reinen Seins, dem Haus des „Vaters“, zu entfernen und aus einem Bewusstsein von Trennung zu leben. Sie vermittelt auch, dass mit dieser Rückkehr alles, was während der Zeit der Trennung geschehen ist, vom „Vater“ vergeben wird. „Ich und der Vater sind eins“ ist die Erkenntnis des zurückgekehrten Sohnes.

„Dieses ‚Falsche Selbst‘ muss sterben,
damit das ‚Wahre Selbst‘ leben kann.“

Richard Rohr

„Sehnsucht nach Gott und unserem Wahren Selbst
ist ein und dieselbe Sehnsucht.
Die Religion hat nur eine Aufgabe, nur eine einzige:
Aus zweien eins zu machen.“
Richard Rohr

2. Ich und Wahres SELBST

Leben aus einem Bild, das der Mensch von sich entwickelt hat, das er meint zu sein, trennt ihn von seiner wahren Natur. „Lasst den Menschen eins mit sich werden, und ihr werdet ihn so glücklich machen, wie er nur sein kann. – Der Natur-Mensch lebt in Einklang mit sich selbst“, so Rousseau, der bereits die Vision von einem Menschen hatte, der sich von den Einflüssen seiner Umwelt löst: von Regeln, Glaubenssystemen, Verhaltensvorschriften usw., die wie eine Hypnose wirken. Man spricht deshalb auch häufig von „Kulturhypnose“, eine Bezeichnung, die das trifft, was Rousseau wohl mit dem Verlust der inneren Freiheit des Menschen durch die Einflüsse seines kulturellen Umfeldes meinte. Durch diese Hypnose lebt der Mensch von seiner wahren Natur entfremdet.

„Erkenne dich selbst!“, war die Aufforderung des Orakels von Delphi. Sich selbst zu erkennen, wer oder was man im Kern wirklich ist, diese Aufgabe beschäftigt den Menschen schon seit ewigen Zeiten. Ich, Selbst und Ego sind jedoch Begriffe, die in allen Kulturen unterschiedlich verstanden und interpretiert werden. Alle drei Begriffe können sowohl eine positive als auch eine negative Bedeutung haben. Einmal heißt es, dass man sein Ich überwinden muss, ein anderes Mal, dass man es stärken soll. Das Gleiche gilt für das Wort Ego, sobald man zwischen Ich und Ego keinen Unterschied macht.

Beim Gebrauch des Wortes Selbst ist es noch schlimmer. Man braucht sich nur die vielen widersprüchlichen Begriffe anzuschauen, in denen das „Selbst" enthalten ist. Die Palette reicht von der Selbstsucht über die Selbstüberwindung hin zum Selbstvertrauen. Und dazwischen liegen Begriffe wie Selbstlosigkeit, Selbstaufopferung, Selbsttäuschung, Selbstbesinnung, Selbstbeherrschung, Selbstmord und viele weitere. Wir wissen zwar meist, was damit gemeint ist, das Wort Selbst aber hat immer eine andere Bedeutung. Es kann die Persönlichkeit gemeint sein, der Körper oder etwas, das mit der Essenz unseres Seins zu tun hat. Man sagt, dass ein buddhistischer Mönch auf die Frage nach dem Wesen des Buddhismus geantwortet hat: „Kein Selbst, kein Problem." Hier ist mit dem Selbst das Bild, das man von sich selbst hat, gemeint, so wie ich es zuvor im Kapitel „Falsches Selbst" erläutert habe.

Worte sind nur „Wegweiser" und nicht die Wahrheit. Das wird durch eine alte Zen-Weisheit sehr bildhaft beschrieben:

„Der Finger, der zum Mond zeigt, ist nicht der Mond."

Anders ausgedrückt: „Die Landkarte ist nicht die Landschaft" oder „das Wort Baum ist nicht der Baum". Wenn man von einem Baum spricht, weiß der andere meistens, was damit gemeint ist. Mit Ausnahme eines blinden Menschen hat jeder schon einmal einen Baum gesehen. Bei abstrakten Begriffen, wie etwa beim Wort „Liebe" ist das schon um einiges schwieriger. Je nachdem ob man und wie man Liebe erfahren hat und auch, wie das Wort im kulturellen Umfeld gebraucht wird, interpretiert man den Begriff anders, falls ein wirkliches Verstehen bei abstrakten Begriffen überhaupt möglich ist.

Bei vielen Kommunikationen zeigt der „Finger", das Wort, auf unterschiedliche „Monde", auf das, was man wirklich darunter versteht. Man glaubt, über das Gleiche zu reden, tut es aber nicht, weil der Gesprächspartner das Wort anders interpretiert.

Merkwürdigerweise ist das besonders bei solchen Worten der Fall, deren Inhalt eine besonders wichtige Bedeutung für das Verständnis unseres Lebens hat, etwa das Wort Geist. Da spricht man davon „dass jemand einem „auf den Geist geht" und das gleiche Wort braucht man in Verbindung mit Verstand und Intellekt. Dazu gibt es noch den Geist im spirituellen Sinne, wie den „heiligen Geist". Die Engländer haben es da besser, weil sie in ihrer Sprache für den Begriff Geist zwei unterschiedliche Worte haben, nämlich mind und spirit.

Mind im Englischen bedeutet so etwas wie ein Bewusstseinsfeld, in dem Gedanken, Vorstellungen und auch Bilder wahrgenommen werden. Spirit ist in der deutschen Sprache im Wort Spiritualität enthalten. Spirit, abgeleitet von dem lateinischen Spiritus, ist der Geist im übernatürlichen Sinne, der Spiritus Sanctus. – Im Folgenden werde ich durch Großbuchstaben GEIST im Sinne von Spirit und durch Kleinbuchstaben Geist im Sinne von Mind kennzeichnen, wie es häufig bei Übersetzungen aus der englischen Sprache geschieht.

Es gibt aber auch unterschiedliche „Finger", d.h. unterschiedliche Worte für etwas mit unterschiedlicher Bedeutung, die trotzdem in unserer Alltagssprache nicht wirklich unterschieden werden.

Um die realen, in der äußeren Welt sichtbaren Wesen kennen zu lernen, muss man sie sehen. Die abstrakten Dinge wie Liebe muss man erfahren. Und wenn man darüber spricht und zu wissen meint, was der andere unter diesem Wort Liebe versteht, geht man davon aus, dass er die gleiche Erfahrung damit gemacht hat.

Da fragt man: „Glaubst du an Gott?" Und der andere sagt ja oder nein, ohne dass man Klarheit darüber hat, was der andere unter Gott versteht. Man tut einfach so, als sei klar, was man mit Gott meint. Wenn einer diese Frage stellt, müsste man sinnvollerweise erst einmal fragen, was der andere darunter versteht. Ist Gott ein Wesen, das als Schöpfer und Richter irgendwo existiert? Oder versteht man unter Gott zum Beispiel etwas, was nicht von der Schöpfung getrennt werden und daher kein individuelles Wesen sein kann?

Die generelle Einführung in die Bedeutung von Worten und dem, auf was sie verweisen, soll vermeiden, dass die Worte im Folgenden als objektive Wahrheit aufgefasst werden. Die Landkarte ist nicht die Landschaft selbst. Eine Landkarte ist nützlich, weil sie hilft, sich im Land zu orientieren, sie ist aber nicht das, worauf sie verweist.

So dienen Worte dazu, sich in seinem Bewusstsein besser orientieren zu können, so wie auch ein Symbol auf einer Landkarte unter Legende erklärt wird. Auf anderen Landkarten oder in einem Atlas, kann das gleiche Symbol etwas völlig anderes bedeuten.

In diesem Kapitel geht es um die Frage, was das „Wahre Selbst" ist. Sie können nun mit Recht fragen, ob man darauf überhaupt eine Antwort finden kann. Nicht wirklich! Die Antwort darauf kann man wiederum nur in einem Wort, also einem „Finger" beschreiben. Die Wahrheit, der „Mond" muss erfahren werden. Daher soll die Erfahrung in diesem Kapitel im Vordergrund stehen.

In den folgenden Kapiteln beziehe ich mich überwiegend auf die Landkarte der Psychosynthese von Roberto Assagioli. Ihre Interpretationen sind identisch mit der Transpersonalen Psychologie.

„Wir Menschen sind auf dieser Welt,
aber nicht von dieser Welt."
Weisheit der Sufis

Personales und Transpersonales Bewusstsein

Die Sufis sind die Mystiker des Islams. Mystiker anderer Religionen sagen das Gleiche mit anderen Worten. Der Psychologe und Zen-Lehrer Karlfried Graf Dürckheim drückt das so aus:

„Wir Menschen sind doppelten Ursprungs, unendlichen und endlichen, übernatürlichen und natürlichen Ursprungs."

Nachdem neben der klassischen Psychologie, die vor allem seit Freud durch die Psychoanalyse geprägt ist, auch eine transpersonale Psychologie existiert, bilden die beiden Aspekte des menschlichen Bewusstseins die Bestandteile der neuen ganzheitlichen Psychologie. Neben der klassischen Psychologie, die auf die personale Ebene und das Unbewusste im Menschen ausgerichtet ist, entwickelte sich die Transpersonale Psychologie. Sie müsste genau genommen „Ganzheitliche Psychologie" genannt werden, denn sie beinhaltet beide Bewusstseins-Ebenen.

Der Begriff Person kommt von personare, durch etwas tönen. Die Person zeigt sich in der Welt in den verschiedenen Rollen, mit denen sie sich an ihr Umfeld anpasst. Sie „spielt" ihre Rollen. Die personale Ebene und das mit ihr verbundene personale Bewusstsein beziehen sich auf das Leben des Menschen auf dieser Welt mit seinen Sinnesorganen, den Empfindungen seines Körpers, seinem rationalen Denken sowie seinen Gefühlen und Emotionen. Dazu gehören auch die zahlreichen Konditionierungen, die sich in der Vergangenheit in jedem einzelnen Menschen im Unbewussten entwickelt haben.

Während es auf der personalen Ebene um die endlichen und irdischen Vorgänge geht, dreht es sich auf der transpersonalen Ebene um den unendlichen und spirituellen Ursprung des Menschen.

Die Personale Ebene wurde durch die Qualitäten eines reifen Erwachsenen im ersten Teil dieses Buches bereits erläutert. Vor allem der Grad der Bewusstheit beim Sprechen und Handeln hat sich als ein wesentlicher Maßstab für Reife und Verantwortungsfähigkeit herausgestellt. Bewusstheit ist die Qualität, die die Personale Ebene ausmacht, wie später noch deutlicher werden wird.

Was Graf Dürckheim als natürliche Ebene bezeichnet, nennt die Psychosynthese die Personale Ebene. Das Alltagsbewusstsein der Menschen ist besonders in der westlichen Welt überwiegend von diesem personalen Bewusstsein geprägt.

Diese Bewusstseinsebene kann überschritten werden, indem eine andere Ebene erfahren wird, auf der man erkennt, dass man als menschliches Wesen nicht von der Ganzheit des Universums getrennt ist. Man überschreitet so die Personale und erfährt die Transpersonale Bewusstseinsebene. Solche Erfahrungen werden auch als Transpersonale Erfahrungen bezeichnet.

Lebt man auf beiden Bewusstseinsebenen, lebt man ganzheitlich. Die meisten Menschen bewegen sich heute noch überwiegend in der Illusion des Getrenntseins. Doch die Zahl derer, die solche transpersonalen Erfahrungen machen, die vorher nur Mystikern vorbehalten schien, wird immer größer.

Im Kontakt mit seinem SELBST kann jeder Mensch in seinem lebenden in sich angelegten Prozess der Transformation seines Bewusstseins vollziehen.

Ken Wilber, einer der größten Bewusstseinsforscher unserer Zeit, hat den beiden Ebenen noch eine dritte hinzugefügt, die Ebene, von der wir Menschen kommen, die Pre-personale Bewusstseinsebene. Damit ist die Ebene gemeint, auf der auch das neugeborene Kind noch eine Weile existiert, bis es dann sein Ich entdeckt und damit den Evolutionssprung der

Menschheit insgesamt noch einmal nachvollzieht. Ein Erwachen zum Ich, zum dualistischen und personalen Bewusstsein. Wilber differenziert wie folgt:

Pre-personal *(Pre-rational) ist die Bewusstseinsebene der Körper- und Sinneswahrnehmung, der Gefühle, bildhafter und symbolischer Erkenntnisse aus einem mythischen Bewusstsein. In diesem Bewusstsein war es nicht möglich, sich als Individuum selbst wahrzunehmen, mit anderen Worten aus dualistischer Sicht die Welt und ihre Geschöpfe wahrzunehmen. Es gab keine rationalen Erkenntnisse.*

Personal *(Rational) ist das Bewusstsein, in dem man sich selbst als Ich wahrnimmt sowie Denken und Wissen speichern kann. Es ist dualistisch, das heißt, es gibt Subjekt und Objekt und vermittelt die Illusion von Getrenntsein.*

Die Überschreitung dieses Bewusstseins führt zum

Transpersonalen *(Transrationalen) Bewusstsein. Auf dieser Ebene erfährt man sich als Teil eines Ganzen und nicht mehr als davon getrennt. Es sind Erfahrungen von Eins-sein, Verbundenheit und Geborgenheit. Es sind die Erfahrungen, über die Mystiker aller Religionen berichten.*

Die Personale und Transpersonale Bewusstseinsebene zusammen ergeben ein ganzheitliches oder auch integrales Bewusstsein. Beim Überschreiten der personalen Ebene geht diese Ebene nicht verloren, sondern beide Ebenen bilden jetzt ein Bewusstsein, das dem Menschen ein ganzheitliches Leben möglich macht.

Die Landkarte der Psychosynthese von Assagioli unterscheidet aufgrund der beiden unterschiedlichen Bewusstseinsebenen zwischen einem Personalen und Transpersonalen Selbst. Personales Selbst wird auch als ICH bezeichnet. Der Einfachheit halber bezeichne ich im Folgenden das Personale Selbst als ICH und das Transpersonale Selbst als SELBST, in Großbuchstaben.

Personales Selbst – ICH

ICH und Bewusstheit

Wer ist das, der erkennen kann, dass er mit etwas identifiziert ist? Wer kann sich bewusst desidentifizieren und sich mit etwas anderem identifizieren? Wer ist das, der diese Wahl hat?

Die Frage „Wer bin ich?" kann umformuliert werden in „Was ist das Ich? Ist das Ich auch mit etwas identifiziert oder kann man es als etwas, das frei von Identifikationen ist, definieren?"

Roberto Assagioli definiert das ICH als

Zentrum von reinem Gewahrsein und Willen.

Es sind unsere Sinnesorgane, die wahrnehmen: Augen, Ohren, Nase usw. Die reine Wahrnehmung ist, wenn man nicht gleichzeitig bei der Wahrnehmung denkt, frei von gedanklichen Prozessen und damit von Interpretationen und Bewertungen. Das von Assagioli definierte ICH ist so etwas wie ein Beobachter, ohne jede Identifikation. Es nimmt sowohl die äußere Welt als auch die innere Welt einfach wahr, das, was von Augenblick zu Augenblick im Bewusstsein stattfindet. So kann man in dieser reinen Bewusstheit auch erkennen, mit was man identifiziert ist. Zum Beispiel erkennt man, wenn man mit seinem „Inneren Kind" identifiziert ist, und kann sich dann bewusst für ein Verhalten entscheiden, in dem man mit einem „Inneren Erwachsenen" identifiziert ist. –Wäre das nicht möglich, wäre das Konzept von Chopich/Paul wie im ersten Teil beschrieben nicht umsetzbar. Im „ICH" erkennt man etwa, dass man wütend ist und nimmt die Gefühle und Körperempfindungen, die sich daraus einstellen, aus der Distanz eines Beobachters wahr. Diese Wahrnehmung setzt Präsenz, Gegenwärtigkeit voraus, das man nicht mehr „in Gedanken ist", wie man es in der Umgangssprache so ausdrückt. So wie man morgens beim Aufwachen aus dem Schlafbewusstsein in das Wachbewusstsein wechselt, so ist das wie ein Erwachen aus dem Unbewussten ins Bewusste, aus einem Halbschlaf in einen Zustand von Wachsein.

In dieser Bewusstheit nimmt man wahr, was ist, ohne mit etwas identifiziert zu sein. Man nimmt wahr, dass man zum Beispiel wieder mit der beruflichen Rolle identifiziert ist – und kann das ändern. Statt in Gedanken zu *sein* kann man lernen, Gedanken zu *haben* und ihren Prozess zu beobachten, so wie man Gefühle und auch körperliche Empfindungen beobachten kann. Diese Prozesse finden immer in der Gegenwart statt, obwohl das, über was man nachdenkt, in der Vergangenheit stattgefunden hat oder man sich vorstellt, was in der Zukunft passieren könnte.

Im unbewussten Zustand, im Zustand des Nicht-Wachseins, ist man diesem gedanklichen Prozess ausgeliefert. Gedanken, Vorstellungen und Bilder von etwas lösen sich ständig ab. Das ist der Zustand, in dem die meisten Menschen leben. Wenn jedoch der gedankliche Prozess zur Ruhe kommen kann, können Augenblicke der Stille eintreten. In dieser Stille stellen sich „Einfälle" ein, da ist plötzlich eine tiefere „Einsicht". Da ist der rettende Gedanke, der ein Problem zu lösen scheint. Das ist das, was man auch Intuition nennt.

In diesem Zustand von Bewusstheit und Präsenz des ICH hat man eine Wahl. Man kann selbst bestimmen, bewusst handeln und entscheiden. Im Zustand der Unbewusstheit ist das nicht möglich. Man entscheidet dann nicht wirklich selbst, wie man häufig aber glaubt. Es sind programmierte Verhaltensmuster, die bei bestimmten äußeren Einflüssen wie bei einem Roboter auf Knopfdruck ablaufen.

Zusammengefasst: Im ICH

- nimmt man wahr, was gerade im Augenblick, in der Gegenwart stattfindet.

- ist man sich bewusst, dass man eine Wahl hat, dass man „ja“ oder „nein“ sagen kann.
- nimmt sich als das „Ich bin“ wahr, ohne dieses „Ich bin dies oder das“, also ohne jede Identifikation mit etwas

Die Qualitäten dieses ICH-Zustandes sind:

Bewusstheit – Achtsamkeit – Präsenz – Gegenwärtigkeit – Aufmerksamkeit – Konzentration – Entscheidungsfähigkeit – Aktion statt Reaktion

Person und Persönlichkeit

Persona bezeichnete wie gesagt ursprünglich eine im antiken griechischen Theater von den Schauspielern verwendete Maske, welche die Rolle des Schauspielers typisierte. Der Name ist abgeleitet aus dem Lateinischen, personare = hindurchtönen. Daraus ist dann der psychologische Begriff Person entstanden. Daraus kann man ableiten, dass der Mensch aus seinem ICH sich als Person dieser Welt zeigt und sich mitteilt. Da gibt es aber nicht nur eine Maske, sondern viele, je nachdem wie die Situation und das Umfeld es erforderlich machen oder, anders ausgedrückt, je nachdem welche Rolle erforderlich ist, um sich in der entsprechenden Situation und der damit verbundenen Aufgabe entsprechend zu verhalten. In der Eingangsgeschichte von de Mello hatte die Frau, als sie gefragt wurde, wer sie ist, eine Anzahl dieser Rollen aufgezählt, mit der sie sich identifizierte und die sie glaubte zu sein.

„Die ganze Welt ist eine Bühne
und alle Frauen und Männer bloße Spieler,
sie treten auf und gehen wieder ab.“
Shakespeare (1564 – 1616)

Das Leben als Bühne – Rollen und Teilpersönlichkeiten

Wenn wir uns vorstellen, dass unser ganzes Leben eine Bühne ist, wie Shakespeare es ausgedrückt hat, dass wir in verschiedenen Rollen in unserem Leben erscheinen, dann ist es vielleicht möglich zu erkennen, dass wir nicht diese Rollen sind, sondern sie haben. „Alles, was sich verändert, können wir nicht sein!", so der indische Weisheitslehrer Nisargadatta. Was wir wirklich im Kern unseres Wesens sind, muss etwas sein, das stabil und unveränderlich ist.

Wenn die Gefühle, Gedanken und Empfindungen unseres Körpers sich verändern, dann können wir nicht Körper, Gefühle und Gedanken sein. Das, was sich verändert, haben wir und sind es nicht.

Es gibt unzählige Rollen, in die wir uns hineinversetzen, meistens nicht so bewusst wie ein Schauspieler. Das Problem einer jeden Identifikation ist, dass wir vergessen, wer wir in unserer Essenz wirklich sind. Und je stärker wir uns mit etwas identifizieren, desto weiter sind wir von unserem Wahren Selbst entfernt.

Im Modell der Psychosynthese werden diese Rollen auch Teilpersönlichkeiten genannt. Zu ihnen gehören auch die konditionierten Verhaltensmuster. Dominiert ein Verhaltensmuster als Teilpersönlichkeit, beeinflusst es unsere Lebensweise.

Inzwischen haben sich auch in der Umgangssprache typische Teilpersönlichkeiten und die zugehörigen Verhaltensweisen durchgesetzt. Man spricht vom Perfektionisten, Kritiker, Skeptiker, Kontrolleur, Harmoniebedürftigen usw. Die Teilpersönlichkeiten haben nur dann einen negativen Einfluss auf Glück und Zufriedenheit des Menschen, wenn sie übertrieben gelebt werden. Natürlich ist Kritik wichtig, wer jedoch ständig alles kritisiert, sowohl in der Beziehung zu sich selbst als auch zu anderen, dem geht Lebensfreude verloren. Die unbewusst konditionierte Verhaltensweise wird zur Belastung. Das Gleiche gilt für den Perfektionisten, dem grundsätzlich eine Qualität zugrunde liegt, nämlich dass er nach Vollkommenheit strebt. Wenn aber der Aufwand nicht mehr in Relation zum Ergebnis steht, liegt kein Sinn in diesem Streben.

Es gibt aber auch Teilpersönlichkeiten, die ausschließlich schaden. Dazu gehört der Saboteur, der vielen Menschen und sich selbst die Lebensfreude nimmt. Dieser Saboteur ist die meiste Zeit mit dem kritischen Eltern-Ich verbunden. Selbst wenn er als Kind etwas Gutes zustande gebracht hat und darüber mit Freuden Mutter, Vater oder sonst einer Bezugsperson berichtet hat, bekam er solche Antworten: „Bilde dir doch darauf nicht so viel ein. Schau mal, was du da angestellt hast." So fährt er nun fort, positive Erlebnisse durch negative Bemerkungen runterzumachen. Menschen mit einem sehr dominanten Saboteur können sich nicht mehr wirklich freuen, weil sich sofort die innere Stimme mit negativen Kommentaren meldet.

Der Begriff „Opfer-Rolle" wird ebenfalls in der Umgangssprache verwendet. Man drückt damit aus, dass der oder die Betreffende eine Rolle spielt. Der Mensch sieht sich als Opfer: „Die ganze Welt ist gegen mich." „So etwas passiert nur mir." In dieser Rolle heischt man nach Mitleid und Zuneigung. Erfahrungen aus der Kindheit führen in diese Rolle. Die Vorstellung „Wenn ich leide, werde ich wenigstens wahrgenommen". Dies resultiert daraus, dass ein Mensch mit seinem verletzten „Inneren Kind" identifiziert ist. Wenn man als Kind besonders dann viel Aufmerksamkeit erhielt, wenn man krank war, flüchtet man sich häufig in eine Krankheit, um wieder diese Aufmerksamkeit zu bekommen.

Wenn man sich stark mit der beruflichen Rolle identifiziert, spielt man sie auch häufig im privaten Bereich weiter, etwa als ErzieherIn, LehrerIn oder ChefIn. Auch mit der Rolle der Mutter stark identifiziert zu sein, kann für den Partner und die Beziehung zu einer Herausforderung werden.

Muss die Rolle irgendwann im Leben abgegeben werden, weil die berufliche Zeit zu Ende geht oder die Kinder das Haus verlassen, fallen viele in ein Loch oder erleben eine schwerwiegende Lebenskrise. Selbst das Immunsystem kann davon betroffen sein, was ein Grund sein könnte, dass viele Menschen nach ihrer Pensionierung krank werden. Viele Frauen, die ihre Mutter-Rolle aufgeben müssen, geraten in Krisen, die mit Depressionen einhergehen können. Bei Männern ist das Aufgeben der Vater-Rolle zwar auch häufig mit Problemen verbunden. Es scheint mir aber, dass die Krisengefahr bei Müttern beim Aufgeben dieser Rolle wesentlich größer ist, weil sie überwiegend mit der Erziehung der Kinder betraut waren. Wie schwer es beiden fällt, wird auch dadurch offensichtlich, dass beide diese Rollen bei ihren erwachsenen Kindern weiter spielen, die es aber überhaupt nicht schätzen, wenn sie sich wie ein Kind behandelt fühlen.

Das Problem ist, dass man nicht mehr zu wissen scheint, wer man wirklich ist, sobald man die gewohnte Identifikation nicht mehr leben kann. Es entsteht eine Leere, die durch nichts gefüllt wird.

Das Leben als Bühne zu betrachten, die einzelnen Rollen bewusst zu spielen und sich unbewusste Rollen und Identifikationen bewusst zu machen, bringt einen Menschen hervor, der aus seiner Rolle immer auch wieder zu wirklichen Selbstwahrnehmung „erwachen“ kann. Das ist der Weg zur Spiritualität, zu einem spirituellen Leben. Shakespeares Ausspruch führt zu einer Lebensphilosophie, die nach dem wahren Wesen des Menschen fragt.

Wenn wir die unzähligen Rollen, die wir spielen, aus der Distanz, aus einem sich nie verändernden Bewusstseinszustand wahrnehmen können, leben wir im wirklichen Sinne bewusst. Das ist der Charakter des ICH. Als Schauspieler können wir uns immer wieder neu mit einer Rolle identifizieren, wissen aber gleichzeitig, wie der Schauspieler, dass wir das, mit dem wir uns da identifizieren, nicht wirklich sind.

Vor einiger Zeit fand ich auf der Titelseite einer Fernsehzeitschrift das Bild einer Schauspielerin abgedruckt, darunter stand der Text: „Ich bin die Rolle“. Im Beitrag dazu hieß es, dass sie Theater- und Filmemacher wohl deshalb mit ihrem Spiel so fessele, weil sie sich so stark mit ihrer Rolle identifizieren könne, dabei ohne Zweifel aber wisse, dass sie die Rolle nicht wirklich ist.

Wenn man einen Schauspieler fragen würde, ob er wisse, dass er auch in seinem Leben verschiedene Rollen spiele, ohne sich dessen bewusst zu sein, würde er wahrscheinlich erstaunt dreinschauen. Dennoch ist dem so, auch wenn viele sich das im Alltagsbewusstsein nicht bewusst machen.

Sobald man sich aber bewusst wird, dass man zu jeder Zeit aus seiner Rolle heraustreten kann, geht man souveräner mit schwierigen Situationen und Herausforderungen um. Als Regisseur seines Lebens entscheidet man selbst, wann, wer und wie jemand auf der Bühne in einer bestimmten Rolle erscheint. Der Regisseur, das ICH, kann die Rollen aus der Distanz gestalten und Einfluss darauf nehmen, was auf der Bühne seines Lebens geschieht.

Auf der personalen Ebene kann man Descartes' Satz, „Ich denke also bin ich“ umwandeln in

„Ich nehme wahr, also bin ICH“
„Ich habe eine Wahl, also bin ICH“

Es stellt sich nun die Frage, ob dieses ICH nach dem Ableben des Körpers weiterhin existiert oder gibt es da noch etwas anderes in der Natur des Menschen, das weiterlebt?

Das ICH existiert auf der Ebene des Personalen Bewusstseins, daher heißt es auch Personales Selbst. Auf Transpersonaler Bewusstseinsebene existiert ein weiteres „Selbst". In der Transpersonalen Psychologie wird es das Transpersonale Selbst genannt.

Dass der Mensch und die Welt voneinander getrennt sind, ist eine Illusion:

„Der Mensch ist ein Teil des Ganzen,
das wir Universum nennen, ein in Raum und Zeit
begrenzter Teil. Er erfährt sich selbst, seine Gedanken
und Gefühle als abgetrennt von allem anderen –
eine Art optische Täuschung des Bewusstseins."

Albert Einstein

SELBST – Transpersonale Erfahrung

Statt vom Transpersonalen Selbst spricht man auch von einem Höheren oder Wahren Selbst. In der christlichen Sprache ist es die Seele, die man jedoch *ist* und nicht *hat*, wie man es üblicherweise irreführend formuliert. Denn dann würde sich die Frage stellen, wer ist das denn, der diese Seele hat. Mit dieser Sprachweise bleibt man auf der personalen Ebene.

Wenn die Seele unsterblich, also ewig ist, dann ist derjenige, der die Seele ist und nicht hat, dies auch. Dieses SELBST kann nicht durch den Verstand und unsere Sinnesorgane wahrgenommen werden. Man muss es erfahren. Diese Erfahrung wird in der Psychosynthese Transpersonale Erfahrung genannt.

Auf der Ebene des Personalen Bewusstseins erfährt man sich selbst als ein Subjekt, dem Objekte gegenüberstehen. Das ist die Essenz des dualistischen Bewusstseins. Überschreitet man diese Ebene, hört das ICH, das sich noch als Subjekt wahrnimmt und Objekte als ein Gegenüber erfährt, auf zu existieren. Man erfährt sich in einer Verbundenheit mit Allem, was ist, als Teil eines größeren Ganzen. Es ist eine Erfahrung, die man in den Religionen als eine mystische Erfahrung bezeichnet.

Der Ausdruck Mystik kommt aus dem Griechischen, μυστικός mystikós bedeutet geheimnisvoll. Mystiker berichten über die „Erfahrung einer göttlichen oder absoluten Wirklichkeit". Die Mystiker aller Religionen haben diese Erfahrung wiederholt gemacht und darüber berichtet. Die SELBST – Erfahrung haben sie mit einer Gotteserfahrung gleichgesetzt. „Ich und Gott sind eins", sagt der große christliche Mystiker Meister Eckhard. Und an einer anderen Stelle: „Das Auge, durch das Gott mich sieht, ist das Auge, durch das ich Gott sehe."

Gott ist dann kein separates Wesen, von dem man getrennt ist, wie es uns durch die institutionellen Religionen vermittelt wird, sondern wir sind eins mit Ihm. – Jesus war einer der größten Mystiker der Menschheit, was besonders in seinem Ausspruch: „Ich und der Vater sind eins" zum Ausdruck kommt. Der Franziskaner Richard Rohr bezweifelt, dass es die Absicht Jesu war, eine neue Religion zu gründen. Er meinte, dass Jesus die Einheit des Menschen mit Gott wiederherstellen, dass er Religion in dem Sinne reformieren wollte, dass die Trennung von Gott und Menschen aufgehoben und das dualistische Bewusstsein transzendiert, überschritten würde. Das Bewusstsein der Einheit mit Gott und der Verbundenheit mit Allem, ist ein Evolutionsschritt, quasi ein Erwachen aus der Illusion der Trennung im dualistischen Bewusstsein. So war das Christusbewusstsein, wie Richard Rohr es nannte, ein Einheitsbewusstsein. Richard Rohr macht dies mit folgendem Zitat deutlich:

„Wenn Sie Jesus auf ganz neue Weise verstehen wollen, müssen Sie zuerst einmal wissen, dass Christus nicht sein Familienname ist, sondern seine verwandelte Identität nach der Auferstehung bezeichnet – in die er die Menschheit und die ganze Schöpfung mitnimmt. Jesus wurde der Christus und schloss uns in diese Identität ein."

Aus diesem Grund kann man das Bewusstsein des SELBST auch als Christusbewusstsein bezeichnen. Die Buddhisten nennen diese essentielle Natur des Menschen Buddha-Natur: „So wie das Eis nicht vom Wasser getrennt ist, so ist der Mensch nicht von Buddha getrennt. Darum ist jeder Mensch ein Buddha.“ Diese Weisheit des Zen-Mönches Hakuin meint das Gleiche wie das, was Jesus mit seinem „Eins-sein mit dem Vater“ formulierte.

Bisher meinte man immer, dass solche Erfahrungen nur wenigen Menschen, den Mystikern der Religionen, vorbehalten seien. Doch hat fast jeder Mensch das Ego-Bewusstsein schon einmal oder sogar mehrere Male überschritten, ohne sich dessen bewusst zu sein. Nahezu alle Teilnehmer meiner Seminare haben nach einer Übung mit einer Visualisierung über solche Erfahrungen berichtet.

Mit sehr großer Wahrscheinlichkeit haben auch Sie solche Erfahrungen schon einmal gemacht. Wenn Sie dazu bereit sind, gebe ich Ihnen Gelegenheit, diese Erfahrung möglicherweise wieder lebendig werden zu lassen, wenn Sie bereit sind diese Visualisierung jetzt einmal selbst zu machen.

Lesen Sie zunächst den folgenden Text. Dann schließen Sie die Augen und versuchen Sie alles, was Sie gedanklich noch bewegt, ziehen zu lassen und sich an das zu erinnern, um was ich Sie bitte. Und das ist folgendes:

Übung

Gehen Sie einmal zurück in die Vergangenheit Ihres Lebensweges und versuchen Sie, sich an ein Ereignis zu erinnern, an das Sie ganz besonders gerne zurückdenken, etwas, was unvergesslich für Sie wurde. Etwas, das für Sie mit einem Hochgefühl von innerer Freude und Glücklich-sein verbunden war. Das kann sein: Eine Begegnung in der Natur, ein besonders schöner Sonnenaufgang oder -untergang, eine Wanderung in den Bergen, eine Begegnung mit einem Menschen. Etwas, was Sie sehr bewegt hat.

Wenn es mehrere verschiedene Ereignisse waren, die Ihnen einfallen, so entscheiden Sie sich für eines davon. Stellen Sie sich die Situation und was Sie in ihr erlebt haben, noch einmal ganz deutlich vor.

Versuchen Sie auch die Gefühle wahrzunehmen, die mit diesem Ereignis verbunden waren. Erleben Sie diese Situation so gut wie möglich noch einmal in Ihrer Vorstellung. Ob Sie sich daran erinnern oder vielleicht sogar diese Gefühle wieder da sind? Was ging in Ihnen vor? Was waren das für Gefühle, Erfahrungen bei diesem Erlebnis? Welche Bedeutung hatten Zeit und Raum, Vergangenheit oder Zukunft bei diesem Erleben?

Nehmen Sie sich so viel Zeit wie Sie möchten, sich an dieses Erlebnis wieder so gut wie möglich zu erinnern und die damit verbundenen Gefühle wahrzunehmen und vielleicht auch zu genießen.

Machen Sie anschließend, bevor Sie weiterlesen eine kleine Pause und schreiben auf, was Sie wieder erfahren konnten.

Nach dieser Übung berichten nahezu alle Teilnehmer, dass diese Erlebnisse und Erfahrungen verbunden waren mit:

Gefühle von tiefer Verbundenheit und Liebe, Geborgenheit und unsagbarer Freude, Freiheit von Zeit und Raum, tiefem inneren Frieden und Losgelöstheit, Angstfreiheit und Leichtigkeit, von Grenzenlosigkeit, Einheit und Ganzheit. Das Gewahrsein eines tiefen inneren Friedens.

Alle erkannten, dass man diese Erfahrungen nicht selbst herbeiführen kann, sondern dass sie in ganz bestimmten

Situationen gemacht werden und zwar immer dann, wenn der sonst übliche Gedankenfluss zur Ruhe gekommen ist. In diesen Momenten existiert die Zeit nicht mehr, sondern nur noch der gegenwärtige Augenblick. Man berichtete mir von Situationen in der Natur, wo man plötzlich etwas von unbeschreiblicher Schönheit erfahren hat, das gleichzeitig einen tiefen inneren Frieden auslöste. Das war die Erfahrung eines wunderschönen Sonnen-Auf oder -untergangs, meistens aber war es etwas ganz Banales, das in der Natur erlebt wurde und in diesem Augenblick als etwas ganz Besonderes und Beglückendes wahrgenommen wurde.

In der Erfahrung von reinem Sein existiert kein ICH mehr und damit auch kein Beobachter, der bewusst etwas wahrnimmt. Es gibt kein Subjekt und Objekt. Aus dem Beobachter wird ein Zeuge, der mit der Wahrnehmung verschmilzt und eins damit wird.

Für alle, die darüber berichteten, waren die Erfahrungen unvergesslich und erinnerten sie an die schönsten Augenblicke ihres bisherigen Lebens. Sie wurden wie ein wunderschönes Geschenk erfahren, das man erhält, ohne etwas dafür getan zu haben, was man auch als Gnade erfährt. Diese Qualität von Freude kann man tatsächlich nicht machen, im Gegensatz zu einem Vergnügen, das man organisieren kann. Die Erfahrung geschieht ganz plötzlich und die Freude bekommt eine unermessliche Dimension.

Die meisten Menschen, die eine solche Erfahrung gemacht haben, waren sich nicht bewusst, dass sie in diesen Augenblicken die Essenz ihres Seins, ihrer wahren Natur erfahren haben. Wenn in solchen Augenblicken das dualistische Bewusstsein überschritten wird, kein wirkliches Getrenntsein, keine Identifikation mehr mit etwas existiert, was man glaubt zu sein, ist das zuvor herrschende Falsche Selbst gestorben. Es scheint, dass man wieder zurück in den Zustand geführt wurde, den man mit der Geburt scheinbar verloren hatte. Das

Wahre Selbst wird erfahrbar, dessen Kern die Verbundenheit und das Eins-Sein mit Allem ist. Die seit unserer Geburt vorhandene Sehnsucht nach dieser Wieder-Vereinigung erfüllt sich. Das Wiederverbinden, das im ursprünglichen Sinne mit Religio gemeint ist, wird in diesen Augenblicken erfüllt.

Willigis Jäger beschreibt in seinem Buch „Geh den inneren Weg" eine solche Erfahrung:

Ur-wirklichkeit – Keine Zeit – Kein Raum – Dimensionslos –
Nur das Rauschen des Windes – sch….. – DAS ist ES!
Kein Körper, nur Geist – Überall und hier – DAS ist ES!

Kein Leben, kein Tod – Keine Vergangenheit – Keine Zukunft
Nur diese eine Bewegung

Kein Alter, keine Jugend – Kein Oben und Unten
Kein Richtig und Falsch
Kein Ja und Kein Nein – Keine Kritik – DAS ist ES!

Glasklar und ohne Trübung – Ich bin alles! –
Ich bin die Urwirklichkeit!

„Die Welle ist das Meer" ist eine Metapher, die den Unterschied zwischen Dualität und Eins-Sein treffend veranschaulicht. Die Welle ist eine Form, die endlich ist, sie kommt und geht. Sie ist Wasser im Meer und bleibt es. Der Mensch ist auch eine Form, die für eine Weile existiert. Dass das Wasser erhalten bleibt, nachdem die Welle vergangen ist, gilt auch für die Essenz, die den menschlichen Körper mit Leben erfüllt.

Das zuvor beschriebene ICH existiert im menschlichen Körper als Form von etwas, was nicht wirklich beschrieben werden kann. Man kann es reines, kosmisches oder göttliches Bewusstsein nennen, reines Sein oder die erste Wirklichkeit, wie Willigis Jäger sie nennt. Laotse nennt es das TAO. „Wer das TAO zu kennen glaubt, kennt es nicht." Wenn das Wort Gott nicht so missbraucht worden wäre und wird, könnte man es auch GOTT nennen.

Platon bezeichnet in seinem Werk „Parmenides" das Sein als „etwas Ungewordenes und Unzerstörbares, ... es war nicht und wird nicht sein. Es ist im Jetzt als Ganzes und Zusammenhängendes."

Heidegger und andere Philosophen unterscheiden zwischen dem Seienden, der Form und dem Sein, das Hegel auch als reines Nichts bezeichnet.

So ist das, was sich nie verändert und immer existiert, das wahre Wesen des SELBST. Was sich verändert, die Form, hat man für die Zeit seines Lebens, man ist sie aber nicht.

Das ist die Tragik der institutionellen Religionen, dass sie ihre eigentliche Aufgabe nicht befolgen, nämlich die Rückverbindung in die Einheit, zu unserem wahren Wesen, wie es im lateinischen Wort religio angedeutet ist. Stattdessen fördern sie das Bewusstsein der Trennung, aus dem heraus Gott außerhalb von uns existiert. Richard Rohr nennt sie daher Falsche Religionen. Für die Theologie ist Gott nicht das Sein, sondern etwas Seiendes, was dem Wesen des Personalen Bewusstseins entspricht.

Richard Rohr beschreibt das in seinem Buch „Das Falsche und das Wahre Selbst" so:

„Das Wahre Selbst ist der Teil, der ewig lebt und wahrhaftig sieht. Es ist der göttliche Atem, der durch Sie hindurchgeht. Das Falsche Selbst ist jener Teil, der sich ständig verändert und irgendwann stirbt. Eine reife Religion hilft, den Sterbeprozess des Falschen Selbst zu beschleunigen."

Und:

„Wer lebt? Das göttliche Selbst, das immer gelebt hat und jetzt Sie mit einschließt. Was da stirbt ist ein Etwas, und wer da lebt eine Person."

Die Philosophie spricht nur vom SEIENDEN und missachtet das NICHTS und das Sein. In der Sprache der östlichen Philosophie ist es die Leere, die in so starker Weise erfahren werden kann, dass sie als eine Art Erwachen das Leben eines Menschen völlig verändert. Das sind dann Menschen, die wir als Mystiker bezeichnen. Ein solcher Erwachter unserer Zeit ist Eckhart Tolle.

Er beschreibt in der Einleitung zu seinem Buch „Jetzt, die Kraft der Gegenwart", wie dieses Erwachen eines Nachts bei ihm geschah. Er berichtet, dass er bis zu seinem 30. Lebensjahr „in einem Zustand ununterbrochener Angstgefühle, unterbrochen von Phasen lebensmüder Depression" lebte.

Er kam dann zu dem Schluss, dass „er so nicht weiterleben konnte". Ihm wurde bewusst, „was das für ein sonderbarer Gedanke war". Er fragte sich: „Bin ich Einer oder Zwei? Wenn ich selbst nicht mit mir selbst leben kann: Das ‚Ich' und das ‚Selbst', mit dem ‚Ich' nicht mehr leben kann." Er dachte: „Vielleicht ist nur eins von beiden wirklich." Er beschreibt seine „Fassungslosigkeit über diese Erkenntnis", dass er „bei vollem Bewusstsein war, aber ohne Gedanken".

Er beschreibt dann, dass alles, was er jetzt wahrnahm „frisch und unberührt erschien, als ob es neu entstanden sei".

In seinen Vorträgen, wie zum Beispiel bei dem, den er in einem Seminar bei der Findhorn Foundation gehalten hatte, berichtete er, dass danach ein tiefer Friede in ihm eintrat. Sein permanentes, zwanghaftes Denken kam zur Ruhe. Im Zustand der Gegenwärtigkeit konnte er alles so annehmen, wie es war, ohne Bewertungen oder Etikettierungen.

Eckhart Tolle ist so das Beispiel eines Menschen unserer Zeit, dessen tiefe Lebenskrise zu einem Erwachen geführt hat. Nach diesem Erwachen war es ihm möglich, sein Umfeld wieder wie ein neugeborenes Kind wahrzunehmen, eben ohne jede Art von Konditionierung.

Es gibt inzwischen viele Menschen, die ein solches Erwachen in ähnlicher Weise erlebt haben, die aber in der Öffentlichkeit nicht bekannt sind. Auf einen Artikel, „Die Zeit nach dem Erwachen", den ich für die Website „sein.de" geschrieben habe, erhielt ich Mails und auch Anrufe von Menschen, die mir von solchen Erfahrungen berichteten. Grund für ihren Kontakt mit mir war häufig, dass man mir mitteilen wollte, dass sie sich hier wiederfanden bzw. dieser Artikel ihnen geholfen hatte, mit dieser Erfahrung im Alltag besser umzugehen. Unter dem Artikel gab es zahlreiche ähnliche Kommentare.

Nach einer solchen Erfahrung, die zu einem Erwachen führt, werden Menschen keineswegs Heilige. Im Gegenteil. Es können wieder Krisen auftreten, die in der Transpersonalen Psychologie transpersonale Krisen genannt werden. Im Alltag kann sich ein neues Ego einstellen, das wieder eine Identifikation findet: „Ich bin ein Erwachter" oder „Ich bin ein Erleuchteter". Damit grenzt man sich wieder von denen ab, die das nicht sind. Dieses spirituelle Ego ist sehr subtil, weil man ja jetzt meint, dass man ein besonderer Mensch ist, der ausgewählt wurde, diese Erfahrung zu machen. Daher gibt es einen Grundsatz in der Transpersonalen Psychologie: Eine Erfahrung dieser Art muss geerdet werden. Das kann dadurch geschehen, dass man aus einer neuen Qualität von Verbundenheit lebt, zu sich selbst, zu anderen Menschen wie auch zur Tierwelt und zur Natur. Wichtig aber ist, dass man die beiden Ebenen, Personale und Transpersonale, unterscheidet. Auch nach einer solchen Erfahrung existiert die personale Ebene mit ihren Konditionierungen weiter.

Personale und Transpersonale Ebenen

Ein ganzheitliches Leben bezieht sowohl die Personale als auch die Transpersonale Bewusstseinsebene mit ein. Graf Dürckheim nennt sie die beiden verschiedenen Naturen des Menschen. Auf der Personalen Ebene sind wir menschliche Wesen mit einem Körper, seinen Organen, Gehirn und Verstand, der das Denken ermöglicht. Auf der Transpersonalen oder Spirituellen Ebene haben wir Zugang zu etwas, was den Verstand und das Denken überschreitet. Aus diesem Kontakt erleben wir Intuition und Inspiration, sind wir kreativ und schaffen Neues. Hier werden wir zum Teil der Schöpfung, die nie aufhört.

Im Folgenden stelle ich die Charakteristiken der beiden Bewusstseinsebenen einander gegenüber.

Verstand und Intuition

Personal: Verstand und Denken

Der Verstand, rationales und diskursives Denken, die Sprache, das Lernen und Verstehen sind Elemente der Personalen Bewusstseinsebene. Besonders in unserer westlichen Gesellschaft wird dem Verstand eine große Bedeutung beigemessen, was er grundsätzlich auch verdient hat. Negativ, geradezu verheerend, ist jedoch, sich mit dem Verstand so sehr zu identifizieren, dass man meint, im Kern seines menschlichen Wesens Verstand zu *sein* und nicht, ihn zu *haben*. Es ist ein Unterschied, ob man bewusst über etwas nachdenkt, das heißt, den Verstand sinnvoll gebraucht oder, ob man einem ständigen, zwanghaften Denken ausgeliefert ist. In diesem Fall wird man vom Verstand und den Gedanken beherrscht. Bei einer unbewussten und oberflächlichen Lebensweise ist das häufig der Fall.

Da dem Verstand und dem, was man auch als Geist (Mind) bezeichnet, in der Geschichte der westlichen Welt so viel Bedeutung beigemessen wird, erspare ich mir, noch ausführlicher herauszustellen, dass er für unser Leben als Mensch auf dieser Welt notwendig ist, und möchte stattdessen dem mehr Raum geben, was über den Verstand hinausgeht.

Transpersonal: Intuition, Inspiration und Kreativität

Der Transpersonale Bewusstseinsraum oder das Überbewusste haben einen rezeptiven, das heißt, empfangenen Charakter. Vergleichbar ist dieser Raum mit einem Ozean, der unerschöpflich ist in seiner Fülle an Potential, an Möglichkeiten, die verwirklicht werden können. Der Mensch ist somit, wenn er im Kontakt mit diesem Raum ist, nicht nur Geschöpf, sondern gleichzeitig Schöpfer, von Augenblick zu Augenblick. Willigis Jäger drückt das sehr anschaulich aus, wenn er den Menschen als eine Note des unaufhörlichen Konzerts Gottes in der Schöpfung bezeichnet.

Hat sich das Unbewusste im Menschen aus Erfahrungen seiner Vergangenheit, Prägungen und Konditionierungen etabliert, so ist dieses Überbewusste immer etwas Neues. Dieser Raum ist nicht individuell, sondern etwas, das man als universelles Bewusstsein bezeichnen kann. Es ist allen Menschen zugänglich. Erfahrungen, die hier stattfinden, werden in die Ebene der Sprache übersetzt. Dann sprechen wir von plötzlichen „Einfällen“ und tiefen „Einsichten“. Was der Verstand zuvor nicht klären konnte, offenbart sich uns jetzt. Während Wissen und Denken das Lernen aus der Vergangenheit benötigen, kommen solche Einfälle aus dem Nichts. Anstatt Erfahrungen aus der Vergangenheit auf die Zukunft zu übertragen, empfängt man auf dieser Ebene etwas Neues. Der Künstler erhält seine „Eingebungen“ auf dieser Ebene, wenn er wirklich „kreativ“ ist. Wir kennen viele berühmte Komponisten, die auf der Transpersonalen Ebene Musik empfangen und in Noten umgesetzt haben. Ich denke dabei an Mozart und seinen Gegenspieler Salieri, der mit Gott gehadert haben soll, dass das, was Mozart empfing, für ihn nicht möglich war.

Die Ideen, die in dieses Bewusstseinsfeld „einfallen“, wir sprechen in der Umgangssprache ja auch von plötzlichen

Einfällen, sind intuitiv, rezeptiv. „Intuire" meint so viel wie „von innen sehen oder auch wissen". Über dieses Wissen sind wir uns meist sehr sicher, obwohl wir es nicht begründen können. Man empfängt etwas von einer anderen Ebene, einer Quelle, die Albert Einstein folgendermaßen formuliert hat:

*„Die **Intuition** ist ein **göttliches Geschenk**, der denkende Verstand ein treuer Diener. Es ist paradox, dass wir heutzutage angefangen haben, den Diener zu verehren und die göttliche Gabe zu entweihen."*

An anderer Stelle meint Einstein, dass seine Entdeckungen letztlich nie aus dem Denken herrühren, sondern immer aus der Intuition.

Es gibt ein sehr schönes Bild, das diesen Entdeckungsprozess beschreibt: Man stelle sich das Bewusstsein als einen Bergsee vor. Über ihm säuselt der Wind. Durch die kleinen Wellen, die der Wind verursacht, kann man nicht in den See hineinschauen. Wenn aber Windstille eintritt und die Oberfläche ganz klar wird, sieht man bis auf den Grund. Der Wind symbolisiert den ständigen Gedankenfluss, der uns an der Einsicht in diesen Bewusstseinsraum hindert.

Eine andere schöne Geschichte aus der Zen-Tradition beschreibt, was den Zugang zu diesem Bewusstseinsraum, zur Intuition ebenfalls stört. Es gibt mehrere Versionen. Dies ist eine Version, die ich aus dem Englischen übersetzt habe. Ihr Ursprung ist das Zen Koan „A Cup of Tea":

Ein Professor stellte sich einem Zenmeister vor und kündigte ihm an, dass er etwas über Zen lernen wolle.

„Ah, sehr gut", sagte der Zenmeister. „Bitte kommen Sie nur herein." Nachdem sie sich beide hingesetzt hatten, begann der Zenmeister über die herausragende Bedeutung einer ethischen Lebensweise im Zen zu sprechen.

„Ah, ja", unterbrach der Professor. „Ethik ist etwas Faszinierendes, nicht wahr? Ich habe mehrere Bereiche von Ethik studiert. Ich habe sogar ein Buch hierüber geschrieben". Er sprach immer schneller und begann eine Vorlesung über die verschiedenen Theorien von Ethik.

„Ah, ich verstehe", sagte der Zenmeister freundlich, als der Professor schließlich einmal nach Luft schnappte. „Im Zen ist die rechte Motivation für das, was man sagt und was man tut, sehr wichtig. Und so sprechen wir nur dann, wenn es wirklich hilfreich und nützlich ist."

„Das stimmt, da gibt es mehrere Theorien, die diesen Standpunkt vertreten", rief der Professor aus. „Ich muss aber sagen, ich finde jede von ihnen mit Fehlern behaftet."

Und prompt begann er, eine lange Vorlesung über die verschiedenen Arten von Motivation.

„Hmm, ich verstehe", sagte der Zenmeister, als schließlich der Professor für einen Augenblick eine Pause machte. „Möchten Sie etwas Tee?"

„Oh ja, danke sehr", antwortete der Professor. Der Zenlehrer schmunzelte und goss Tee ein bis die Tasse des Professors voll war, goss weiter bis der Tee die Untertasse füllte, und bis der Tee über den Tisch lief. Der Professor, sonst nicht um Worte verlegen, erstarrte in Schweigen. Aber als der Tee schließlich auch über seinen Schoss sich ergoss, rief er laut: „Halt, stopp! Sehen Sie denn nicht, dass die Tasse voll ist?"

„Ja, ja, ich sehe das, schmunzelte der Zenmeister. Und können Sie nicht sehen, dass Ihr Kopf total voll von alten Ideen ist und Sie so keine neuen aufnehmen können?

Daher, es tut mir leid, aber es ist unmöglich für Sie, etwas über Zen zu lernen."

Im Zen geht es ebenso wie bei der Intuition darum, sich in der Gegenwärtigkeit von allem Wissen des Verstandes, den Gedanken zu lösen.

Der Raum der Transpersonalen Bewusstseinsebene ist die Stille. Solange gedankliche Prozesse stattfinden: Bewerten, Auswählen, Ablehnen, in die Vergangenheit oder Zukunft schauen, ist man noch auf der Personalen Ebene gefangen. Die Leere, die sich auf einer Bewusstseinsebene jenseits davon einstellt, ist aber auch nicht wirklich leer. Man kann vielmehr sagen, dass hier eine höhere Intelligenz oder die Weisheit des kosmischen, universellen Bewusstseins existiert, die in der Stille oder Leere wirkt. Es fällt uns etwas ein oder zu.

Philosophie und Metaphysik

Heidegger und andere Philosophen unterscheiden zwischen dem Seienden, der Form, und dem Sein, das Hegel auch als reines Nichts bezeichnet. Das Seiende und das Sein sind identisch mit der Personalen und der Transpersonalen Bewusstseinsebene.

Personale Bewusstseinsebene: Philosophie

Auf der Personalen Bewusstseinsebene widmet sich die Philosophie, wie bei Wikipedia zu lesen ist: „Methoden, Prinzipien und der Gültigkeit jeglicher Erkenntnis-Gewinnung wie auch der Argumente und Theorien auf wissenschaftlicher Ebene. Sie kann somit auch als Grundlagenwissenschaft verstanden werden .... Philosophische Bemühungen erstrecken sich auf eine systematische Ordnung menschlichen Wissens, der Erforschung eines schlüssigen Weltbildes unter Einbeziehung menschlicher Werte, Rechte und Pflichten. Es geht um ein Streben nach Weltweisheit, die dem Verstand Orientierung und Sicherheit in allen lebenspraktischen Bezügen verschaffen und die Fähigkeit zu sinnvoller gedanklicher Einordnung alles Begegnenden zu begünstigen."

Die Philosophie beschäftigt sich mit dem Leben des Menschen auf dieser Erde, der Personalen Ebene. Sie untersucht das Seiende, wie Heidegger das auf der Welt Existierende nennt, das persönliche Leben in seiner Beziehung zu anderem Seienden.

Transpersonale Ebene – Metaphysik

Der griechische Philosoph Platon bezeichnet das Sein als „etwas Ungewordenes und Unzerstörbares, ... es war nicht und wird nicht sein. Es ist im Jetzt als Ganzes und Zusammenhängendes."

Platon hat das Bild, das der Mensch von sich und der Welt entwickelt, in seinem berühmten Höhlengleichnis sehr deutlich in Frage gestellt. Er beschreibt darin die beschränkte Wahrnehmungs- und Erkenntnisfähigkeit des Menschen, was sich auf das zuvor beschriebene Falsche Selbst beziehen lässt.

Die Metaphysik in der Philosophie beschreibt die transpersonale Ebene als das reine Sein.

In seinem Buch „Was ist Metaphysik?" schreibt Martin Heidegger: „Die Metaphysik gehört zur ‚Natur des Menschen'. Sie ist weder ein Fach der Schulphilosophie noch ein Feld willkürlicher Einfälle. Die Metaphysik ist das Grundgeschehen im Dasein. Sie ist das Dasein selbst."

In der östlichen Philosophie formuliert der Zen-Meister Huang Po dies so: „Alle Lebewesen sind nichts anderes als der EINE GEIST, neben dem nichts anderes existiert. Dieser EINE GEIST, der ohne Anfang ist, ist ungeboren und unzerstörbar. Er hat weder Form noch Erscheinung. Er gehört nicht zu der Kategorie von Dingen, die existieren oder nicht existieren. Du siehst ihn stets vor dir, doch sobald du über ihn nachdenkst, verfällst du dem Irrtum. Es gleicht der unbegrenzten Leere, die weder zu ergründen noch zu bemessen ist."

Auch für Hegel geht der GEIST aus sich selbst heraus, um die Natur hervorzubringen, er erwacht im subjektiven Geist zu sich selbst und holt sich dann selbst wieder ein, in reiner nichtdualer Wahrnehmung. Die Transpersonale Erfahrung folgt bei Ken Wilber evolutionär auf die Entwicklung vom Pre-Personalen/Unbewusstsein zum Personalen Selbst. Statt des von Plato als ungewordenen und unzerstörbaren „Seins“ wird hier der Begriff „GEIST“ als „ungeboren und unzerstörbar“ definiert.

Könnte man anstelle von GEIST auch GOTT als „Finger“ für diesen „Mond“ definieren? Es geht um die Essenz reinen SEINS, die sich unterschiedlich bezeichnen lässt. Dennoch kann der rationale Geist sie nicht erfassen, jeder Begriff muss vorbeischießen. Der rationale Geist irrt sich, wenn er die Essenz erkennen möchte. Diesem Irrtum erliegen alle, die versucht haben, GOTT zu erfassen. So ist auch das Gegenüber Gott ein Irrtum. Laotse hat diese Unbeschreiblichkeit im Begriff des TAO gefasst, einem anderen „Finger“ für den gleichen „Mond“, der bezeichnet werden soll.

Theologie und Mystik

Personale Bewusstseinsebene: Glaube – Theologie

Auch Religionen kann man in ihrem Wirken einer Personalen und Transpersonalen Ebene zuordnen. Auf der Personalen Ebene beziehen sie sich auf das Leben auf dieser Welt, auf Dinge, die Verstand und logisches Denken erfordern. Gleichzeitig ist wesentlich, dass sie Raum, Zeit und Möglichkeit schaffen, um Erfahrungen auf der Transpersonalen Ebene zu machen. Ein Buch wie „Ins Herz geschrieben – Die Weisheit der Bibel als spiritueller Weg“ von Richard Rohr, ist ein Musterbeispiel dafür, Menschen über die Sprache auf dem Weg zu sich selbst zu begleiten, auf dem Weg zum wirklichen Christ-Sein, zum Christus-Bewusstsein, dem Einheitsbewusstsein. Ebenso das Buch von Willigis Jäger „Klang des Göttlichen – Die Weisheit Jesu“.

Die Religion der Kirchen basiert durch ihre Theologie fast ausschließlich auf der Personalen Ebene. Sie braucht die Trennung des Menschen von Gott und verstärkt sie durch Ge- und Verbote.

Das bestätigt wiederum der Franziskaner Richard Rohr:

„Re-ligio – wörtlich Rückbindung – erfüllt ihren Zweck nicht, wenn sie nur an die Distanz, an die Unwürdigkeit, Sündigkeit und Unzulänglichkeit gegenüber Gottes Größe erinnert. Wann immer die Religion diese Distanz vergrößert, wird sie zur Anti-Religion. Und ich fürchte, in allen Konfessionen gibt es eine Menge Anti-Religion … Dieses Erschaffen von Distanz zwischen Gott und der Schöpfung ist nämlich tatsächlich teuflisch (von diabolos, griechisch für ‚der durcheinanderwirft'), und Jesus nennt es auch so. ‚Weh euch … ihr Heuchler! Ihr verschließt das Himmelreich vor den Menschen. Denn ihr selbst kommt nicht hinein und die, die hineinwollen, lasst ihr nicht hinein'. (Matthäus 23.13). Ich hätte sicher Angst und würde zögern, es so zu nennen, hätte Jesus es nicht als Erster gesagt, und Paulus ist ihm gefolgt. Beide warnen vor jeder Vorstellung von Religion von reiner Ansammlung von Gesetzen, Forderungen und Reinheitsgeboten. Doch genau darum geht es in den Religionen bis heute."

Der spirituelle Weg führt zur Erfahrung von Gott. Der Theismus führt zu einer dualen Weltsicht. Er installiert eine tiefe Kluft zwischen „Gott" und „die Welt". Die Welt wird zum Jammertal, zum Tal der Tränen, dem das Himmelreich gegenübersteht.

Auch Albert Einstein drückte seine Zweifel an diesem dualistischen Weltbild aus:

„Einen Gott, der die Objekte seiner Schöpfung belohnt und bestraft, der überhaupt einen Willen hat nach Art desjenigen, den wir an uns selbst erleben, kann ich mir nicht vorstellen."

Transpersonale Bewusstseinsebene: Mystik – Spiritualität

Auf Personaler Ebene ist Religion eine Sache des Glaubens. Um einer religiösen Gemeinschaft zuzugehören, wird vorausgesetzt, dass man an etwas glaubt. Dazu gibt es ein Glaubensbekenntnis.

Auf Transpersonaler Ebene basiert Religion auf Erfahrungen. Mystik und wahre Spiritualität gehört zu dieser Ebene. In der wahren Spiritualität kann es keine Trennung zwischen Gott und Mensch geben.

Spiritualität und Mystik transzendieren die Personale Ebene und sind immer mit Transpersonalen Erfahrungen verbunden. „Echte Spiritualität geht immer auf Erfahrungen zurück und nicht auf Überzeugungen", stellte der Philosoph Schleiermacher fest, von dem man sagt, dass er damit den Religionsbegriff revolutionierte. Heute wird der Begriff Spiritualität so verschiedenartig gebraucht, dass diese Revolution zumindest innerhalb der Religionen offensichtlich keine große Wirkung mehr hat.

Spiritualität hat inzwischen bei vielen Menschen den Platz der Religiosität eingenommen, die man mit den Religionen der Kirchen verbindet. Nicht die Glaubenslehren stehen im Mittelpunkt, sondern die Mystik der Erfahrungen. Im Anhang habe ich Spiritualität und Religion, wie wir sie in der westlichen Welt interpretieren, gegenübergestellt, um die Unterschiede bewusst zu machen und zu verdeutlichen, wann Religion nicht mit dem Wesen von Spiritualität in Einklang ist.

Personale und Transpersonale Psychologie

Personale Psychologie

Die Personale Psychologie beschäftigt sich mit dem Menschen auf dieser Welt, mit seiner Vergangenheit, seinen Verhaltensmustern und Konditionierungen, Glaubensmustern und den Bildern, die er von sich hat. Dementsprechend ist die Verhaltenstherapie, die einzige Form der Psychologie, die von Krankenkassen unterstützt wird, um therapeutische Arbeit mit Menschen zu finanzieren, die zum Beispiel psychosomatische Probleme haben. Daneben aber gibt es noch viele andere psychologische Sparten, die mit dem Unbewussten im Menschen arbeiten. Sigmund Freud war ein Pionier dieser Ebene.

C.G. Jung und Erich Fromm, auch Schüler von Freud, sind bei ihren psychologischen Modellen über die Personale Ebene hinausgegangen. Mit ihrer humanistischen Psychologie waren sie Vorreiter der Transpersonalen Psychologie.

Transpersonale Psychologie

Wesentliche Begründer der Transpersonalen Psychologie waren Abraham Maslow, Stanislav Grof, Charles Tart, Frances Vaughn, Roger Walsh, Ken Wilber und Roberto Assagioli, der mit seinem Modell der Psychosynthese die spirituelle Therapie begründet hat. Dazu gehören auch Viktor Frankl mit der Logotherapie und Karlfried Graf Dürckeim mit dem Modell der Initiatischen Therapie. Als einer der ersten transpersonalen Psychologen hat Abraham Maslow den Begriff „Peak-Experience" geprägt, die Gipfel-Erfahrung. Es ist ein anderer Begriff für die Transpersonale Erfahrung. Wer schon einmal einen hohen Berg bestiegen hat, weiß, wie das ist.

Die Transpersonale Psychologie basiert auf folgenden Grundsätzen:

1. In jedem Menschen existiert ein ***Spirituelles Zentrum***.
2. ***Der Spirituelle Antrieb ist*** genauso real wie die auf der Persönlichen Ebene angesiedelten Antriebe (Selbsterhaltungstrieb, Fortpflanzungstrieb etc.) – Es – der Antrieb, der nach Selbstrealisierung strebt.
3. Indem der Transpersonale Bewusstseinsraum, oder das Überbewusste, mit einbezogen wird, wird das gesamte menschliche Potential freigesetzt. Dieser Raum ist die Grundlage für Kreativität, Intuition, Inspiration und transpersonale Erfahrungen.

4. Hinter allem Geschehen gibt es einen tieferen Sinn. Das erleichtert dem Menschen anzunehmen, was ihm im Leben begegnet. Die Logotherapie von Viktor Frankl basiert auf dieser Grundlage.
5. Krisen werden als Herausforderung und Gelegenheit betrachtet, die zur Weiterentwicklung im Sinne von persönlichem Wachstum führen.

Beide Ebenen zusammen bilden das Wesen der Ganzheitlichen Psychologie.

Personale und Transpersonale Qualitäten

Personale Qualitäten

Die Personalen Qualitäten sind mit der Persönlichkeit verbunden, die wir auf dieser Erde leben. Man kann sie durch Lernen erwerben, zum Beispiel in Berufen, wo man sich Fertigkeiten und auch ein bestimmtes Wissen aneignet. Dazu gehört vor allem das, was man durch den Verstand und Intellekt erlangt. Bei diesen Qualitäten geht es grundsätzlich um das Leben auf der Erde, das man zu seiner eigenen Zufriedenheit gestaltet.

Transpersonale Qualitäten

Die Transpersonalen Qualitäten sind verbunden mit dem Kern unseres menschlichen Seins, unserer wahren Natur. Diese Qualitäten werden, wie im Kapitel *Transpersonale Erfahrungen* beschrieben, erfahren. Dazu gehören Liebe, Freiheit und Grenzenlosigkeit, Leichtigkeit, Freude und Glück. Man kann sie nicht willentlich verursachen, sie geschehen einfach von einem Augenblick auf den anderen.

Die Qualitäten, die den Menschen am stärksten als Wesen charakterisieren, was ihn von allen Geschöpfen unterscheidet, sind Liebe und Wille. Beide sind zwar grundsätzlich transpersonale Qualitäten, doch beziehen sie sich auch auf die Personale Ebene, wie ich im Folgenden zeige.

Liebe

Personale Liebe

Liebe wird auf der Personalen Ebene durch etwas ausgelöst, das man besonders schätzt. Es gibt eine Ursache für diese Liebe. Man liebt, weil der oder die andere etwas hat, das man besonders wertschätzt. Diese Liebe vergeht aber rasch, sobald sich Eigenschaften zeigen, die weniger „liebenswert" sind. Liebe auf der Personalen Ebene ist begrenzt und an einen Zeitpunkt gebunden. Sie ist das, was man Verliebtheit nennt. Dient sie der Befriedigung unerfüllter Bedürfnisse, wie geliebt zu werden, hat sie personalen Charakter.

Auch Selbstliebe auf dieser Ebene bezieht sich auf den Menschen, der man auf dieser Welt ist, auf die Wertschätzung, die man sich selbst gibt, für Verhaltensweisen, Leistungen, Talente und Aktivitäten.

Transpersonale Liebe

Die Transpersonale Liebe wird auch als altruistische Liebe bezeichnet. Sie hat keine Bedingungen und bewertet auch nicht. In diesem Zustand erlebt man die Einheit, die Verbundenheit mit dem, was jetzt als Liebe wahrgenommen wird. Diese Liebe ist nicht nur auf Menschen ausgerichtet. Man erfährt sie in ganz banalen Situationen, in der Natur, beim Betrachten eines Tieres, in einem Zustand von reinem Sein, in dem es keine Zeit gibt. Es ist im Grunde immer eine Seins-Erfahrung. „Verliebtheit kann zur Liebe führen, muss es aber nicht", so der Philosoph Ortega y Gasset. Wenn die Verbundenheit mit einem Menschen so erfahren wird, dass es keine Gründe mehr gibt, weshalb man ihn liebt, dann wird die Verliebtheit, die auf Wertschätzung basiert, überschritten.

Man liebt den anderen, weil er so ist, wie er ist. Das heißt nicht, dass man alle seine Verhaltensweisen schätzen und lieben muss. Der andere *ist* nicht seine Verhaltensweise, er *hat* sie. Verhaltensweisen können sich ändern. In Verbindung mit seiner Essenz, mit seiner Seele zu sein, ist etwas ganz anderes als den Menschen als Person wahrzunehmen. Es ist eine Verbundenheit, die immer wieder neu erfahren wird. Transpersonale Liebe in Bezug auf sich selbst ist SELBST-Liebe. Es ist die Liebe zu der Essenz, die man ist. Die Mystiker trennen nicht mehr zwischen der Liebe zu Gott und dem SELBST, weil sein GEIST hier wirkt. „Wisst ihr nicht, dass Ihr Tempel Gottes seid und der Geist Gottes in Euch ist?“ (1. Kor. 3.16)

Wille

Personaler Wille

Die personale Dimension des Willens bezieht sich auf die Wahlmöglichkeit des ICH im Alltag. Möchte man eine Entscheidung treffen, wägt man ab, vergleicht Vor- und Nachteile, Pros und Cons. Man überprüft die Anforderungen: Miete ich die Wohnung oder kaufe ich sie? Welches Auto nehme ich? Es gibt eine Menge an Dingen zu berücksichtigen, die rein praktischer Natur sind. Hier sind Verstand und Vernunft gefragt. Doch man kann und darf sich auch irren. So macht man Erfahrungen, die man bei der nächsten Entscheidung wiederum berücksichtigen kann. Das alles geschieht auf dieser Welt und hat daher personalen Charakter.

Natürlich gibt es Dinge, bei denen es nicht leicht ist, zu unterscheiden, ob der Personale oder Transpersonale Wille wirkt, etwa wenn man sich für einen Partner entscheidet und ihn heiratet, um mit ihm eine Familie zu gründen.

In der östlichen Philosophie wird der Personale Wille häufig mit Egoismus gleichgesetzt. Der Grund hierfür scheint mir zu sein, dass man davon ausgeht, dass das Wollen immer von der Intuition bestimmt wird und es daher keine wirklichen Entscheidungen gibt. Mit anderen Worten, dass es nur einen Transpersonalen Willen gibt, wie im Folgenden beschrieben.

Roberto Assagioli hat dem menschlichen Willen besonders viel Bedeutung dabei zugemessen, um sich als Persönlichkeit in dieser Welt zu entwickeln. Das würdigt Lama Govinda, indem er meint,

„dass es in einer solchen Zeit gut ist, durch Assagioli daran erinnert zu werden, dass die Rolle des bewussten Willens nicht nur für das intellektuelle Leben des Individuums von entscheidender Bedeutung ist, sondern noch weitaus mehr zur Vollendung seines geistigen Strebens und zur Entfaltung seiner schöpferischen Fähigkeiten."

Transpersonaler Wille

Es ist manchmal schwer zu unterscheiden, ob der Transpersonale oder der Personale Wille wirkt. Ein guter Kontakt mit sich selbst, seinem SELBST, ist die Voraussetzung, um diese Klarheit zu haben. Die Intuition ist ein Ausdruck des Transpersonalen Willens. Auch hier ist man häufig unsicher, ob der Gedanke, der da kommt, eine intuitive Eingebung ist, oder ob man sich das nicht nur einbildet. Steckt dahinter doch vielleicht subtil das Ego, das etwas erreichen oder erleben möchte, das für es verheißungsvoll klingt? Es besteht immer die Gefahr, sich zu täuschen, sich etwas einzubilden.

Ist man jedoch in einem guten Kontakt mit sich, seinem SELBST und ist ehrlich zu sich, ist es am Ende doch nicht so schwer, die Eingebung als stimmig und klar zu erkennen. Aber auch hier muss man sich erlauben, sich zu irren.

Transpersonaler Wille und Transpersonale Liebe gehören unzertrennbar zusammen. Das ist es, was Augustinus ausgedrückt hat als

„Liebe und tue, was du willst".

Friedrich Nietzsche hat es so ausgedrückt: *„Was aus Liebe getan wird, geschieht immer jenseits von Gut und Böse.“*

Glaube

Personale Ebene

Es gibt einen Glauben, der von verstandesmäßigen Einsichten untermauert wird. Man glaubt an etwas, weil … Etwas leuchtet ein und daher kann man daran glauben. Dieser Glaube wird von Verstand und Denken gestützt. Daher ist er der Personalen Ebene einzuordnen. Glauben entspricht hier dem englischen Begriff „belief“. „Belief“ wird zwar auch im religiösen Sinne mit unserem Begriff „Glaube“ gleichgesetzt, verstanden wird das Wort aber als „a firm opinion (my belief is, he did it)“, also eine feste Meinung über etwas haben (mein Glaube ist, dass er es getan hat).

Transpersonale Ebene

Glaube kann man im Englischen auch mit „faith“ übersetzen. Faith wird definiert als „complete trust or confidence“, volles Vertrauen und Zuversicht. Es ist wieder ein „Finger“ und hier würde ich den „Mond“ mit intuitiver Einsicht verbinden, also nicht mit logischem Denken, das den Glauben auf der Personalen Ebene stützt. Es bedeutet so etwas wie ein inneres Wissen, das man von seiner inneren Quelle empfangen hat. Dieses innere Wissen führt zu Vertrauen, Vertrauen zum SELBST, Vertrauen ins Leben generell.

Hoffnung

Personale Ebene

Hoffnung ist auf der Personalen Ebene die herkömmliche Interpretation, eine Erwartung, dass alles so kommt, wie man sich das vorstellt. Persönliche Wünsche sind mit dieser

Hoffnung verbunden. Wenn es nicht so kommt, wie gehofft, ist die Enttäuschung groß.

Transpersonale Ebene

Von Vaclav Havel, Dramaturg und letzter Präsident der Tschechoslowakei, stammt der Ausspruch:

„Hoffnung ist nicht die Überzeugung, dass etwas gut ausgeht, sondern die Gewissheit, dass etwas Sinn hat, egal wie es ausgeht."

Hier ist die Hoffnung frei von persönlichen Vorstellungen, die man erfüllt haben möchte. Die spirituelle Qualität der Zuversicht steht hier im Vordergrund. Man entdeckt hinter allem Geschehen einen tieferen Sinn, selbst wenn der Sinn nicht sofort zu erkennen ist. In der christlichen Sprache würde man hier vom Vertrauen zu einer göttlichen Fügung sprechen.

Da es sich bei diesen letzten drei Begriffen um wichtige christlichen Tugenden handelt, wird an dieser Stelle nochmals deutlich, wie unterschiedlich sie zu interpretieren sind, je nachdem auf welche Ebene man sich bezieht. Nur auf der Transpersonalen Ebene sind sie spirituelle Qualitäten.

Selbstbewusstsein

Personale Ebene

Auf der Personalen Ebene ist man sich der Qualitäten, Stärken, Schwächen und Charaktereigenschaften des Menschen bewusst, der man auf dieser Erde ist. Man entwickelt sich zu einem reifen Erwachsenen mit einem starken ICH, das Körper, Gefühle und Gedanken beobachten kann, ohne sich damit zu identifizieren. Es ist das „Erwachsenen-Ich", das es, wie im ersten Teil dieses Buches beschrieben, zu entwickeln und zu stärken gilt.

Transpersonale Ebene

Auf der Transpersonalen Ebene geht es um das Bewusstsein dessen, was man in seiner Essenz ist: Reines Sein, unsterbliche Seele, göttliches Bewusstsein usw. Auf dieser Qualität basiert das SELBST- Bewusstsein, das dieser Ebene zuzuordnen ist.

Selbstvertrauen

Personale Ebene

Vertrauen in meine Fähigkeiten aus den Erfahrungen, die ich in der Vergangenheit gemacht habe, sowie zu den Qualitäten, die ich entwickelt habe, führen zu einem guten „Selbst"-Vertrauen. Auf dieser Ebene kann man sich bewusst mit seinen Rollen identifizieren und desidentifizieren.

Transpersonale Ebene

Vertrauen in das innere Einsichtsvermögen, zur Intuition und der inneren Führung. Dieses SELBST-Vertrauen kann mit Gottvertrauen gleichgesetzt werden, wenn man Gott als diesen Urgrund betrachtet, der im Innern existiert.

Beide Ebenen in sein Leben zu integrieren führt zu einem ganzheitlichen Leben.

2. Wege zum Selbst

„Wenn Du die Berührung mit der inneren Stille verlierst, verlierst Du den Kontakt mit dir selbst. Wenn Du den Kontakt mit dir selbst verlierst, verlierst du dich in der Welt. Das innerste Selbstgefühl, das Gefühl dessen, der du bist, ist untrennbar mit Stille verbunden. Das ist das ‚Ich bin', das tiefer ist als Namen und Formen."

Eckhart Tolle

Stille – die Heimat des SELBST

Verloren in der Welt zu sein ist der Zustand, in dem viele Menschen sich überwiegend befinden. Die äußere Welt bestimmt ihr Leben: Stress, zwanghafte Aktivitäten, um mit der äußeren Welt in Kontakt zu sein. Die Möglichkeiten, sich abzulenken, nehmen heute mehr und mehr zu.

Stille ist mehr als die Abwesenheit von Geräuschen. Es ist ein Bewusstseinszustand, der vom lauten und hektischen Getriebe der äußeren Welt befreit ist. Der Mensch versenkt sich hinein in die Tiefe seines eigenen Seins. Im Grunde ist es die pure Erfahrung des Seins. Man bricht aus der Enge des begrenzenden Egos aus, ist mit nichts mehr identifiziert und nimmt einfach nur wahr, was ist. In diesem Zustand haben Einsamkeit oder auch Langeweile keinen Raum mehr. Es ist im Kern das, was wir zuvor als transpersonale Erfahrung beschrieben haben, die viele Menschen in außergewöhnlichen Augenblicken bereits gemacht haben. Im Zustand der Stille gibt es weder Zeit noch Raum.

Eckart Tolle hat in seinem Buch „Stille spricht" das Wesen der Stille sehr anschaulich beschrieben:

„Stille ist Dein wahres Wesen. Was ist Stille? Stille ist der innere Raum oder das Gewahrsein. Ohne dieses Gewahrsein gäbe es keine Wahrnehmung, keine Gedanken, keine Welt. Du bist dieses Gewahrsein in der Verkleidung einer Person."

Und:

„Das Gegenstück zum äußeren Lärm ist der innere Lärm des Denkens. Das Gegenstück zur äußeren Stille ist innere Stille jenseits der Gedanken. Wann immer um dich herum Stille herrscht, solltest du darauf lauschen, ihr Aufmerksamkeit schenken. Auf die äußere Stille zu lauschen, eröffnet dir die Dimension der Stille in dir selbst, denn nur durch die innere Stille kannst du der äußeren Stille gewahr werden. Erkenne, dass du in dem Augenblick, in dem du die Stille um dich wahrnimmst, nicht denkst. Du bist dir der Stille bewusst, aber du denkst nicht."

Was Eckhart Tolle hier zu erklären sucht, ist der Zustand reinen Gewahrseins. In diesem Zustand verschmelzen ICH und SELBST miteinander. In diesem Bewusstsein hat der Mensch Zugang zu seinen kreativen und intuitiven Kräften, wie Eckhart Tolle in folgendem Zitat bestätigt: *„Wahre Intelligenz arbeitet im Stillen. Es ist die Stille, in der Kreativität und Problemlösungen zu finden sind."*

Ein weiteres Zitat Tolles zeigt, wie Stille eine transpersonale Erfahrung bewirkt:

„Wenn du einen Baum anschaust und seine Stille wahrnimmst, wirst du selbst still. Du verbindest dich mit ihm auf einer sehr tiefen Ebene. Du fühlst diese Einheit mit was immer du in und durch Stille wahrnimmst. Diese Einheit deines Selbst mit allen Dingen zu spüren, das ist wahre Liebe."

Wahre Liebe verbindet er mit dem Spüren der tiefen Verbundenheit, mit allem, was ist, „dieser Einheit des SELBST mit allen Dingen". Die Stille ist ‚nicht von dieser Welt'. Sie ist der Raum unseres wahren Seins, unseres WAHREN SELBST. Sie lässt sich nicht in Worte fassen, nur erfahren: *„Stille ist das einzige in dieser Welt, das keine Form hat. Aber dann ist sie auch nicht wirklich ein Ding und ist somit nicht von dieser Welt."*

Die Flucht vor der Stille

Weshalb fliehen so viele Menschen vor der inneren Stille? C. G. Jung hat das wie folgt begründet:

„Wir hätten den Lärm nicht, wenn wir ihn nicht heimlich wollten. Er ist nicht bloß ungelegen oder sogar schädlich, sondern ein uneingestandenes und unverstandenes Mittel zum Zweck, nämlich eine Kompensation von Angst, für die nur allzu reichliche Gründe vorliegen.

In der Stille nämlich würde die Angst den Menschen zum Nachdenken veranlassen und es ist gar nicht abzusehen, was einem dann alles zum Bewusstsein käme. Die meisten Menschen fürchten die Stille, darum muss immer, wenn das beständige Geräusch einer Unterhaltung aufhört, etwas getan, gesagt, gepfiffen, gesungen, gehustet oder gemurmelt werden. Das Bedürfnis nach Geräusch ist beinahe unersättlich, wenn schon bisweilen der Lärm unerträglich wird."

Als er dies feststellte, existierten die Geräusche der modernen Unterhaltungs- und Kommunikationstechnologie noch gar nicht so wie heute. Die Flucht vor der Stille ist heute noch einfacher geworden. Die äußere Welt bietet immer mehr Möglichkeiten, um davor wegzulaufen. Es ist die Angst, wie Jung es formulierte, dass da etwas ins Bewusstsein kommen könnte, was wir als unangenehm empfinden:

Verdrängtes, das Schmerzen bereitet, das „Innere Kind", wie im ersten Teil beschrieben, das schreit, weil seine Bedürfnisse und Wünsche nicht wahrgenommen werden.

Das hatte bereits Friedrich Hebbel erkannt, als er schrieb:

„Die meisten Menschen haben gar nicht das Bedürfnis, klar über ihre Zustände zu werden; sie wollen nur hindurch, wie etwa durch eine Krankheit. Diese gewinnen im Leben keine Resultate, sie machen nicht einmal Erfahrungen; ihr ganzes Leben ist vielmehr eine immerwährende Flucht durch Gefängnisse."

Es klingt vielleicht hart, dass Menschen auf der „Flucht durch Gefängnisse" seien. Aber es gibt tatsächlich viele Menschen, die es vermeiden, eigene Erfahrungen zu machen, durch die sie etwas lernen und sich weiterentwickeln könnten. Kein Wunder, dass so viele Menschen heute überwiegend in einem gedanklichen Durcheinander leben, das mit ständigen Ängsten und Sorgen einhergeht.

In der Stille verstummt der Lärm in unseren Köpfen. Im Zen wird der zwanghafte, nicht kontrollierbare, ständige Gedankenfluss als gedankliches Geschwätz bezeichnet. Man vergleicht es mit einem betrunkenen Affen, der ständig von einem Ast zum nächsten springt. Man braucht sich nur einmal ruhig hinzusetzen, die Augen zu schließen und zu versuchen, wahrzunehmen, was in einem vorgeht. Es ist schockierend zu erkennen, wie sehr man den ständig auftauchenden Gedanken ausgeliefert ist. Gehirnforscher haben festgestellt, dass gerade in den Augenblicken, in denen man sich eigentlich Ruhe gönnen und an nichts denken möchte, eine besonders starke Flut an Gedanken einsetzt, wie in der Sendung „Das Gehirn ruht nie" erläutert. Anstatt der gewünschten Ruhe empfindet man dann erst recht permanente Unruhe. Interessant ist, dass die Forscher bei Menschen, die regelmäßig meditieren, feststellten, dass das Gehirn beginne, sich anders zu verhalten und der Gedankenfluss immer rascher zur Ruhe komme.

In einem Buch mit weisen Zitaten für jeden Tag des Jahres fand ich vor einiger Zeit folgenden Spruch: „If you are lonley, when you are alone your are in bad company." (Jean Paul

Sartre) Frei übersetzt bedeutet das: „Wenn du dich einsam fühlst, wenn du alleine bist, bist du in schlechter Gesellschaft." Ich interpretiere diese „schlechte Gesellschaft" als die Ängste, wie sie u.a. C.G. Jung als Gründe für dieses Unbehagen in der Stille beschreibt. Es scheint einleuchtend zu sein, dass man auch deshalb vor der Stille flieht, weil man diese Einsamkeit und die damit verbundene schlechte Gesellschaft vermeiden will. Diese Flucht vor der Stille führt zur Selbstentfremdung. Man nimmt sich selbst, seine Bedürfnisse, seine Gefühle nicht mehr wahr, reagiert ständig, anstatt bewusst zu agieren. Man verliert sich in permanenten Aktivitäten, die zwanghaften Charakter annehmen können. Man wird zu einer Art Roboter, der auf Einflüsse der äußeren Welt in immer gleicher Weise reagiert. Im dritten Teil dieses Buches widme ich mich dem Thema der Selbstentfremdung intensiver. Hier ist nur wichtig, dass die Flucht vor der Stille identisch ist mit der Flucht vor dem Alleinsein.

Meditation – Ein Weg in die Stille

Der Weg in die Stille ist der Weg zum SELBST. Es geht darum, wahrzunehmen, was man im Kern seines Seins ist. Es ist der Weg, der von der Selbstentfremdung in die Selbstvertrautheit führt. Das wiederum stärkt das Selbstvertrauen. Wenn man jemandem Vertrauen schenkt, muss man ihn erst einmal näher kennen lernen. Der Begriff Selbstvertrautheit scheint mir daher am deutlichsten den Unterschied zur Selbstentfremdung herauszustellen. Man braucht Zeit und Raum, um mit sich selbst in Kontakt zu kommen, wahrzunehmen, was im Körper vorgeht, welche Gefühle und Gedanken da sind, um sie dann loszulassen zu können. Um sich selbst zu begegnen, muss man in der Gegenwart ankommen, präsent sein.

Aus meiner Erfahrung weiß ich, dass Meditation ein hilfreicher Weg ist, regelmäßig mit sich in Kontakt zu kommen.

Es war mein eigener Weg, der mein Leben verändert hat. Meditation ist ein guter und wirkungsvoller Weg, um in die Stille zu finden.

Vor nicht allzu langer Zeit war Meditation noch etwas, das eher belächelt wurde. Sie wurde mit Menschen in Beziehung gebracht, die Probleme mit der Wirklichkeit des Lebens hatten und daher in eine andere Welt in ihrem Innern flüchteten. In einer Zeitung habe ich vor langer Zeit ein Zitat von Carl Friedrich von Weizäcker entdeckt, der dies anders sieht:

„Meditation ist nicht eine Flucht in die eigene Innerlichkeit, sondern ist ein Sichstellen gegenüber denjenigen inneren Hindernissen, die einen hindern, sich seinen Mitmenschen und der Wirklichkeit zuzuwenden. Ein großer Teil der sogenannten aktiven Zuwendungen zur Wirklichkeit ist eine Flucht davor, sich selber einmal anzusehen."

Wie beschrieben, sind nicht die Meditierenden auf der Flucht vor der Wirklichkeit, sondern diejenigen, die sich nur der äußeren Welt zuwenden und vor sich selbst davonlaufen.

„Die Meditation hat auch die Schulmedizin erreicht.", ist die Botschaft im Leitartikel des Spiegels am 21. Mai 2013, der sich ganz der heilenden Wirkung von Meditation auf Körper und Geist widmet.

Was ist Meditation?

Der Begriff ist abgeleitet vom Verb meditari, was nachdenken, nachsinnen, überlegen bedeutet. Man sagt auch, dass man über etwas meditiert, was mit Nachdenken usw. übereinstimmen würde. Bei der vor allem aus dem Zen-Buddhismus bekannten Meditation ist aber genau das Gegenteil der Fall. Man meditiert, damit der Geist, der Gedankenfluss, zur Ruhe kommt. Man identifiziert sich nicht länger mit seinen Gedanken und gelangt in einen Bewusstseinszustand reiner Wahrnehmung des Hier und Jetzt. Der Begriff „Kontemplation" drückt das noch besser aus. Er beschreibt den Vorgang als Versuch, „in einen Zustand von Ruhe und Aufmerksamkeit“ zu geraten.

Für Graf Dürckheim bedeutete Meditation „Üben für den Alltag“. Man übt, indem man sich auf etwas konzentriert. Bei vielen Meditationen, wie auch bei der Zen-Meditation, richtet man seine Aufmerksamkeit etwa auf den Atem. Man beobachtet, wie er durch die Nasenlöcher ein- und ausströmt oder auch das Senken und Wölben der Bauchdecke, bei jedem Atemzug. Selbst wenn sich Gedanken einstellen, lenkt man die Aufmerksamkeit immer wieder auf den Atem zurück.

Man bewertet eine Meditation nicht, indem man sie als gut oder gelungen, schlecht oder misslungen bezeichnet. Entscheidend ist, dass man sich bemüht, bei aufkommenden Gedanken die Aufmerksamkeit immer wieder auf den Atem zu richten.

Wozu Meditation?

Kontakt mit dem ICH

Die meisten Menschen haben Schwierigkeiten damit, in der Gegenwart, im Hier und Jetzt, zu sein. „Ich war gerade in Gedanken und habe Dir nicht richtig zuhören können“, hört man häufig in Gesprächen. Damit ist gemeint, dass man nicht wirklich anwesend, mit seinen Gedanken irgendwo anders war. Man beschäftigt sich gerade mit etwas, was der Betreffende gesagt hat, schweift ab und hört nicht weiter zu.

Und dieses „in Gedanken sein“, geschieht nicht nur in einem Gespräch mit anderen. Es ist ein Zustand, in dem sich viele Menschen überwiegend befinden. Sie grübeln über etwas nach, käuen es gedanklich wieder. Man hat diese Gedanken nicht, sondern sie haben einen. Es gibt Erlebnisse aus der Vergangenheit, die immer wieder auftauchen: ungelöste Probleme, etwas, über das man sich aufgeregt hat usw. Die Gedanken lassen den Ärger aufs Neue wieder aufkommen: endloses Denken an die Zukunft, verbunden mit Ängsten, Befürchtungen und auch Hoffnungen. Das alles führt dazu, dass man den gerade ablaufenden Moment verpasst. Der gedankliche Lärm im Kopf lässt einen nie wirklich zur Ruhe kommen, selbst wenn man sich nach dieser Ruhe sehnt, sind die Gedanken schon da und beherrschen einen. Da das Immunsystem das, was man sich vorstellt, so erfährt, als sei es Wirklichkeit, leidet der gesamte Körper unter den Ängsten und Sorgen, die man sich macht. In diesem Zustand dominiert das Unbewusste den permanenten Gedankenfluss, wie ein Autopilot, der vom Gehirn gesteuert wird. Diesem unbewussten Sein zu entfliehen, ist nur möglich, wenn man Distanz zu den Gedanken schafft, indem man nur beobachtet, was im Kopf vorgeht, ohne zu bewerten, ohne sich damit zu identifizieren. Das ICH wird zum Zentrum der Wahrnehmung. Der vom Unbewussten dominierte gedankliche Prozess hat keine Macht mehr. Schleicht er sich doch wieder ein, erkennt man ihn und kehrt wieder zum ICH, zum Beobachter dieser Gedanken, zurück.

Regelmäßiges Meditieren hilft, immer öfter in diesen Zustand zu geraten, also im ICH zu sein. Man übt, die Gedanken kommen und gehen zu lassen. Meditation führt uns in den Augenblick, in die Gegenwart, zum wertungsfreien Beobachten unserer inneren Welt der Gedanken, Gefühle und körperlichen Empfindungen. Gedanken kommen auch weiterhin. Jetzt haben sie einen aber nicht mehr, sondern man hat sie. Man kann sie wie Wolken vorbeiziehen lassen. Durch Meditation übt man, Distanz zu ihnen zu schaffen. Man beobachtet nicht mehr nur die äußere, sondern auch die innere Welt. Man erfährt von Augenblick zu Augenblick was gerade geschieht und kann daran teilnehmen. Das ist wirkliches Leben. So wie es Matthieu Ricard, Molekularbiologe und buddhistischer Mönch, ausdrückt:

„Dem Geist wohnt die Fähigkeit inne, sich selbst zu beobachten. Eine Flamme braucht keine zweite Flamme, um sich selbst zu beleuchten. Ihr eigenes Licht reicht dafür aus."

Wenn man aus diesem Geist lebt, bedeutet das, dass man sich selbst als das „Ich bin" wahrnimmt, ohne jede Identifikation. In diesem Zustand gibt es keine Konfusion, kein gedankliches Geschwätz mehr, sondern nur Klarheit sowie ein Gefühl innerer Freiheit.

Bei der Meditation bemüht man sich, den Körper möglichst nicht zu bewegen, was dazu beiträgt, dass es auch im Kopf still werden kann. Geräusche von draußen sind kein Hindernis für die Meditationsübung. Der Ärger beginnt im Kopf, sobald man anfängt, die Geräusche als Lärm zu bewerten, sich zu denken, wie furchtbar er ist und jetzt zur Unterbrechung der Stille führt. Man sagt, dass Zen-Mönche am verkehrsreichsten Knotenpunkt in Tokio meditieren und sich nicht durch den Lärm stören lassen.

Es kann einige Zeit dauern, bis man sich mehr und mehr der Stille in sich nähert und sie am Ende auch erfährt. Bemüht man sich immer wieder, das Ein- und Ausatmen zu beobachten, kann man immer, wenn man bemerkt, dass man wieder in Gedanken ist, zum Beobachten des Atmens zurückkehren. Immer wieder. Wie oft das geschieht, wird nicht bewertet. Kommt man zu Ergebnissen wie: „Das ist nichts für mich, das schaffe ich nicht", hat man sich bereits vom Wesen der Meditation entfernt. Denn alles ist so, wie es ist und wird so akzeptiert. Gute Meditationslehrer weisen daher immer wieder darauf hin, dass man in diesem Prozess liebevoll und freundlich mit sich umgehen soll. Bei der Meditation geht es nicht um „Leistung". Das mag für die meisten Menschen heute zunächst ungewohnt sein.

So kann es etwa auch zum Hindernis werden, wenn man mit der Absicht meditiert, Stille zu erfahren: „Ja, das möchte ich, diese Stille erfahren und damit im Kontakt mit meinem

SELBST zu sein und deswegen meditiere ich jetzt." Meditation ist absichtslos. Es gibt nichts, das erreicht wird. Im Zen nennt man Meditation daher auch einfach nur Zazen, Sitzen. Man sitzt einfach und beobachtet den Atem. Gedanken kommen, man wird sich ihrer gewahr und kehrt wieder zurück zum Beobachten des Atems. Kommt man dann tatsächlich zu einer tiefen Seins-Erfahrung, kann man sich natürlich darüber freuen, fängt aber dann wieder neu an, ohne dabei im Kopf zu haben, wieder zu dieser Erfahrung gelangen zu wollen. Im Zen ist daher der „Anfängergeist" wichtig, der keine Erfahrungen aus der Vergangenheit in die Gegenwart zurückrufen kann oder möchte.

Was aber eigentlich zählt, ist die Erfahrung des Einzelnen und was sie für unser Zusammenleben auf dieser Erde bewirkt. Mattieu Ricard hat das treffend gesagt: „Was am Ende zählt, ist die allmähliche Veränderung eines Menschen. Wenn wir im Laufe von Monaten feststellen, dass wir weniger ungeduldig, weniger reizbar, weniger zwischen Hoffnungen und Ängsten hin- und hergerissen sind, wenn wir uns bewusst werden, dass wir uns gar nicht mehr vorstellen können, jemandem bewusst Schaden zuzufügen, dass wir einen natürlichen Hang zu altruistischem Verhalten entwickeln, dann haben wir das Rüstzeug, um mit den Höhen und Tiefen des Lebens fertig zu werden."

Seine Feststellung entspricht auch meiner eigenen Lebenserfahrung. Die Feststellung der Gehirnforscher, dass regelmäßiges Meditieren Veränderungen im Gehirn bewirkt, die uns mehr Verbundenheit empfinden lassen, bestätigen das heute.

Meditation ist Leben – Leben ist Meditation

Meditation ist Leben – Leben ist Meditation? Das mag übertrieben klingen, doch wenn man den Begriff Meditation durch Bewusstheit, Achtsamkeit, Präsenz oder Gegenwärtigkeit ersetzt, dann leuchtet das ein. Um wirklich zu leben, muss man in diesem Leben anwesend sein, also präsent und bewusst sein. Wenn ich in Gedanken verloren bin, das Unbewusste mich hat, ist das kein wirkliches Leben. Man funktioniert wie ein Roboter aufgrund der eingegebenen Programme.

Ein Kleinkind, das noch völlig in der Gegenwart lebt, ohne Gedanken an die Zukunft, ist noch im Zustand der reinen Bewusstheit. Das ändert sich, wenn sich das Ich-Bewusstsein und Zeitgefühl einstellen sowie durch die Einflüsse des Umfeldes. Durch das Meditieren lernt man diesen Zustand verstärkt und häufiger wiederzuerlangen und damit bewusster zu leben. *„Bewusst(er)leben* kann man lesen als *„Bewusster leben*" sowie auch als *„Bewusst erleben*". Das Wortspiel, das der Titel eines spirituellen Kalenders von Wolfgang Bartolain war, bringt es auf den Punkt! Durch bewusstes Leben findet wirkliches Erleben dessen statt, was außerhalb und innerhalb von mir passiert. Das ist wirklich Leben. Man ist in seinem Leben anwesend und erfährt es.

Jemand sagte einmal, wenn zwei Menschen 50 Jahre alt werden, kann das für beide unterschiedliche Bedeutung haben im Hinblick darauf, wie lange sie wirklich gelebt haben. War jemand bewusst im Leben präsent, hat er, gemessen an der tatsächlichen Gegenwärtigkeit, länger gelebt. So ist jede unbewusste Abwesenheit, also nicht bewusstes Denken, auch ein Verlust an Lebenszeit.

Meditation ist ein Weg zu Wachheit und Lebendigkeit.

Sie werden jetzt mit Recht sagen, dass das Meditieren in der Zen-Weise, im Sitzen auf Kissen oder Stuhl, nicht der einzige Weg sein kann, um wacher und bewusster zu leben. Es gebe doch sicherlich Menschen, die dieses regelmäßige Meditieren gar nicht brauchten.

Natürlich gibt es Menschen, denen fällt es aufgrund ihrer Anlage oder durch andere meditative Aktivitäten leichter, in der Gegenwart zu leben, manche Künstler gehören dazu. Ein Mensch, der in sich ruht und anwesend ist, fällt unter anderem dadurch auf, dass er wirklich zuhören kann. Auch Zuhören ist eine meditative Übung, wenn man sich ganz auf das konzentriert, was der andere sagt, ohne sich bereits Gedanken zu machen, was man darauf antworten wird oder an etwas ganz anderes denkt. Ein Mensch, der in sich ruht, ist gerne alleine, braucht diese Zeit für sich. Er meditiert, ohne das im eigentlichen Sinne so zu nennen. Er braucht das zuvor beschriebene Üben von Meditation nicht. Wenn Sie ein solcher Mensch sind, dann freuen Sie sich, dass Sie so leben können.

Für jeden Menschen ist es daher wichtig, der Erfahrung von innerer Stille, Raum und Zeit zu geben. Ich schätze die Stille und Energie, die man in Kirchen erleben kann. Hier einfach eine Weile still zu sitzen und die Stille auch in sich zu empfinden, ist eine sehr gute Gelegenheit, um sich von den Wirkungen, die die äußere Welt in unserem Bewusstsein verursachen, zu lösen, „abschalten" zu können. Nicht alle Kirchen vermitteln jedoch diese Stille. Man spürt das meistens gleich, wenn man den Kirchenraum betritt. Sie spüren das intuitiv.

Spaziergänge in der Natur, ein gutes Konzert, aber vielleicht auch eine hierfür eingerichtete Ecke in der Wohnung, bieten auch die Möglichkeit, Stille zu erfahren, wenn man das Verweilen dort in sein Tagesprogramm integriert.

Meditation als Üben von Achtsamkeit

Jedes Üben von Achtsamkeit ist eine Form der Meditation. Achtsam bei dem zu sein, was man gerade tut, besonders bei einfachen Arbeiten zum Beispiel in der Küche oder beim Aufräumen und Ordnen, ist eine meditative Übung. Thich Nhat Hanh, ein vietnamesischer Zen-Lehrer, lehrt dieses Üben von

Achtsamkeit. Es gibt sehr gute Bücher von ihm wie „Wunder der Achtsamkeit". Er hat ein eigenes Meditationszentrum in Südfrankreich, die Plum-Village-Dhyana-Schule. In Deutschland gibt es das Europäische Institut für Angewandten Buddhismus (EIAB), das seinen Sitz in Waldbröl hat. Achtsamkeit ist eine Qualität, die gerade durch Thich Nhat Hanh und andere buddhistische Lehrer einen hohen Stellenwert in unserer Zeit bekommen hat. Jede Art des Übens von Achtsamkeit ist auch eine meditative Übung.

Teil 3
Sich auf den Weg machen

Unser ganzes Leben ist ein Weg, der gleichzeitig das Ziel ist. Immer wieder sind Entscheidungen zu treffen, ob man den gleichen Weg weitergeht wie bisher, oder ob man etwas verändern möchte, also einen neuen, anderen Weg weitergeht. Lebt man bewusst, nimmt man die Weggabelungen wahr, an denen man sich neu entscheiden kann.

Ich möchte Sie zu einer kleinen Übung einladen, bei der Sie erfahren, ob und inwieweit bei Ihnen Entscheidungen bevorstehen.

Übung

Stellen Sie sich vor, Sie stehen an der Gabelung Ihres Lebensweges. Sie haben zwei Möglichkeiten. Ein Weg setzt die Art und Weise, wie Sie bisher gelebt haben, fort. Der andere Weg erfordert, dass Sie Ihre Lebensweise verändern. Er stellt möglicherweise mehr Anforderungen an Sie als der bisherige. Er fordert Sie heraus, ihn aus einer veränderten inneren Einstellung zu sich selbst zu gehen, mit mehr Bewusstheit, im stärkeren Kontakt mit sich selbst.

Schließen Sie nun die Augen und visualisieren die Weggabelung. Sie stehen genau an dieser Kreuzung. Stellen Sie sich vor, Sie schlagen den Weg ein, der Ihre bisherige Lebensweise weiterführt. Machen Sie sich deutlich bewusst, welche Wirkung diese Vorstellung bei Ihnen hervorruft. Nehmen Sie wahr, welche Gefühle mit dieser Vorstellung verbunden sind und auch wie Sie Ihren Körper dabei empfinden.

Gehen Sie dann zurück zur Gabelung und stellen Sie sich nun vor, dass Sie den anderen, den neuen Weg gehen. Lassen Sie Gedanken zu, die Ihnen vermitteln wollen, was auf diesem Weg anders sein könnte als bisher, in Bezug auf Ihre Lebensweise, Ihre Beziehungen, Verhaltensweisen u.a. Nehmen Sie wieder Ihre Gefühle wahr. Welche Gefühle sind da? Gibt es Ängste, weil Sie nicht genügend Selbstvertrauen haben, sich auf etwas Neues einzulassen? Oder spüren Sie eher einen Hauch von Freude und Erleichterung und auch vielleicht Neugier? Wie empfinden Sie Ihren Körper jetzt? Angenehm oder eher unangenehm, entspannt oder angespannt?

Vergleichen Sie Ihre unterschiedlichen Gefühle und Körperempfindungen. Welcher Weg fühlte sich besser für Sie an? Wenn Sie sich jetzt entscheiden müssten, welchen Weg würden Sie wählen?

Machen Sie sich Notizen zu Ihren Erfahrungen.

1. Segmente des Weges

Wenn Sie bereit sind, auf Ihrem Lebensweg etwas zu verändern, dann machen Sie sich bewusst, dass der vor Ihnen liegende neue Weg viele Segmente haben wird, die als Teile des Weges wie Wegspuren nebeneinanderher verlaufen. Sie stellen unterschiedliche Anforderungen an Sie, stehen aber auch miteinander in Verbindung, ja, bedingen einander. Alle einzelnen Teile führen am Ende zu einer Ganzheit, der Ganzheit Ihres Lebens.

Jedem einzelnen Segment des Weges ist ein Kapitel gewidmet. Sie selbst legen fest, welches Thema und welche damit verbundenen Veränderungen Sie in welcher Reihenfolge angehen. Sie werden feststellen, dass sich viele der Segmente überschneiden.

Am Ende jeden Kapitels können Sie, wenn Sie möchten, Ihren Standort auf der jeweiligen Wegspur auf einer Skala von 1-10 einordnen: 1 bedeutet, dass Sie noch ganz am Anfang stehen, 10 bedeutet, dass Sie voll und ganz am Ziel dieses Segments angekommen sind.

Vom unbewussten Reagieren zum bewussten Agieren

Dieses erste Segment ist in allen anderen Segmenten enthalten. Es ist die Grundlage für ein verantwortungsvolles Leben: Bewusstes Sprechen und Handeln.

Sobald Sie beginnen, immer öfter zu bemerken, dass Sie aus dem Unbewussten reagieren und sich korrigieren, nähern Sie sich dem bewussten Agieren. Sie sprechen und handeln immer seltener unbewusst. Dazu ein Beispiel:

Sie werden in einem Gespräch provoziert und fühlen sich verletzt. Im unbewussten Zustand reagieren Sie jetzt nach Ihrem konditionierten Verhaltensmuster, indem Sie sozusagen automatisch etwas sagen oder tun. Es ist hier meist das verletzte Innere Kind, das reagiert, sich verteidigt und dabei häufig auch den anderen angreift und verletzt. Das Gespräch endet so meistens nicht gut. Wenn Sie aber das Gefühl des Verletztseins einfach wahrnehmen, kurz innehalten und nicht sofort reagieren, werden Ihnen die Gefühle bewusst, die mit einer alten Verletzung verbunden sind. Sie können nun entscheiden, ob Sie automatisch, wie immer *reagieren*, oder ob Sie bewusst *agieren*. Letzteres bedeutet, dass Sie dem anderen mitteilen, dass Sie sich durch das, was er oder sie sagt oder tut, verletzt fühlen. Sie greifen nicht an und machen den anderen nicht für Ihre Gefühle verantwortlich. Sie übernehmen selbst die Verantwortung dafür. Statt Ihres Inneren Kindes antwortet jetzt der Innere Erwachsene.

Diese Vorgehensweise entspricht im Kern der von Marshall Rosenberg entwickelten gewaltfreien Kommunikation, im Englischen Non-Violant-Communication. Gewaltfreie Kommunikation ist eine unglückliche Übersetzung. Nicht verletzende Kommunikation trifft das, was gemeint ist, besser.

Das Innehalten gibt Ihnen die Zeit, sich bewusst zu machen, nach welchem Programm Sie in der üblichen Weise reagieren würden. Wenn Sie das Programm, Ihr übliches Verhaltensmuster erkennen, schaffen Sie Distanz zu dem, was in Ihnen im Augenblick vorgeht. Sie können dann wählen, wie Sie sachlich und den anderen nicht verletzend antworten können. Anstatt unbewusst zu reagieren, agieren Sie jetzt bewusst und öffnen damit einen Raum für eine heilsame und wechselseitige Verständigung.

Sie werden vielleicht einwenden, dass dann doch aber die Spontanität verloren ginge, oder dass das in einer solchen Situation doch viel Zeit koste, sich erst Gedanken zu machen, was man denn nun entgegnen soll. Dazu kann ich nur sagen, dass es mit Sicherheit sehr viel mehr Zeit braucht, den Scherbenhaufen, den man durch sein „spontanes“ Verhalten angerichtet hat, wieder zu beseitigen, wenn das überhaupt möglich ist. Das kurze Innehalten hingegen, das bei sich Ankommen, im ICH sein, gibt Ihnen Gelegenheit, erst einmal Ihre eigenen Gefühle wahr- und ernstzunehmen, die sich nach dem Gehörten einstellen. Sie spüren zwar auch weiterhin die alte Verletzung, machen aber den Gesprächspartner nicht mehr dafür verantwortlich.

Dazu ist nicht sehr viel Zeit erforderlich, sondern es geht darum, dass Sie den Augenblick der Provokation einsehen und sich darum bemühen, sich aus der Schleife andauernder sich gegenseitig verletzender Kommunikation zu befreien, die selbst eine gute Beziehung belasten und bedrohen kann. Das Innehalten, um bewusst zu agieren, ist ein wesentliches Merkmal des wirklichen Erwachsenen.

Bewusste Kommunikation braucht diese Stopps, besonders dann, wenn bereits das Thema des Gesprächs Verletzungsgefahren beinhaltet, etwa sobald Kritik am anderen geäußert oder man selbst kritisiert wird.

Wie bei allem, das man häufiger praktiziert, tritt nach einer Weile eine Konditionierung ein. Das Stoppen wird zu einer neuen, dieses Mal aber hilfreichen Konditionierung. Durch das „Stopp“ nimmt man sich selbst in seiner Gefühlswelt wahr und entscheidet sich bewusst für das, was man jetzt selbstverantwortlich sagt, ohne dass sich der andere verletzt fühlt. Anstatt gegenseitiger Vorwürfe wird jetzt eine konstruktive Auseinandersetzung möglich. Auf dieser Ebene der Kommunikation gibt es am Ende nicht wie sonst üblich, wenn man zum Beispiel Recht behalten will und den anderen ins Unrecht setzen möchte, einen Sieger und einen Verlierer, sondern man versteht sich gegenseitig besser, bleibt mit dem anderen verbunden.

Ihr Standort

Fragen Sie sich, wie Sie sich in Gesprächen verhalten. Reagieren Sie häufig auf etwas oder können Sie innehalten, bevor Sie dann bewusst agieren? Tut es Ihnen häufig leid, dass Sie etwas gesagt haben, was Sie eigentlich gar nicht sagen wollten? Erleben Sie häufig, dass sich andere Menschen durch das, was Sie sagen oder tun, verletzt fühlen? Wie erleben Sie es, wenn andere Sie möglicherweise aus der gleichen Unbewusstheit verletzen? Was geschieht danach, wie gehen Sie damit um?

Stellen Sie sich vor, wie es in Ihren Beziehungen sein würde, wenn es bei Ihnen keine Du-Botschaften, wie Du hast ... „Du bist ...“ mehr geben würde, sondern Sie überwiegend Ich-Botschaften wie: „Durch das, was du gerade gesagt oder getan hast, fühle ich ... dies oder das“.

Wo stehen Sie in diesem Segment auf einer Skala von 1-10? Wenn Sie hier etwas verändern möchten, überlegen Sie, was Sie tun könnten.

Von der Selbstentfremdung zur Selbstvertrautheit

Viele Jahre lang habe ich einen Vortrag bei der VHS Koblenz angeboten. Der Untertitel hieß „Von der Fremdbestimmung zur Selbstbestimmung“. Diese Veranstaltung hat bis zuletzt immer sehr viele Teilnehmer gefunden. Bereits am ersten Abend wurde ein Saal benötigt, weil ein normaler Seminarraum für die angemeldeten TeilnehmerInnen nicht ausgereicht hätte. Das blieb über viele Jahre so.

Einmal wurde ich gebeten, den Titel zu verändern, weil er schon so lange im Programmheft erschien. Ich habe ihn dann in „Leben, statt gelebt zu werden“ verändert. Auch dieser Titel hatte eine große Anziehungskraft, weil darin das Thema der Selbstentfremdung vielleicht noch deutlicher formuliert wurde.

Selbstentfremdung

Der Begriff Selbstentfremdung wurde bereits von Jean Jaques Rousseau verwandt. Er verstand ihn als ein „nicht mehr in Einklang mit sich selbst“ sein. Der gesellschaftliche Mensch mache sein Existenzgefühl vom Urteil und der Meinung anderer abhängig. Das ist das, was so treffend mit dem Begriff „Kulturhypnose“ bezeichnet wird. Das kulturelle Umfeld hypnotisiert den Menschen so, dass er nicht mehr wirklich bewusst aus seinen inneren Impulsen lebt, sondern überwiegend aus seinem Unbewussten, das von der Hypnose beeinflusst wird. Seine Konditionierungen beherrschen ihn.

Ein anderer wesentlicher Grund für diese Entfremdung vom SELBST, wie ich es in den Kapiteln zuvor definiert habe, ist, dass die äußere Welt mit ihren Anforderungen, Erwartungen und dem scheinbaren Mangel an Zeit die Menschen bestimmt. Entweder fehlt Zeit für den Kontakt mit der inneren Welt oder/und man ist zu erschöpft, UM sich ihr zu widmen.

Dann nimmt man Empfindungen des Körpers und Gefühle kaum noch wahr. Häufig sind es auch Sorgen und Ängste um die Zukunft, die eine permanente Unruhe und Unrast hervorrufen.

Ein sicheres Zeichen für Selbstentfremdung ist die bereits beschriebene Flucht vor der Stille und damit auch vor sich selbst. Man ist ständig aktiv, tut irgendetwas, lenkt sich ab, und vermeidet vor allem das Alleinsein und die damit meist verbundene Stille um und in sich selbst. In der Folge fühlt man sich häufig innerlich ausgebrannt, kraft- und energielos. Im schlimmsten Fall entwickelt sich dann ein Burnout. Ein Zustand, der wohl schon immer bei vielen Menschen existierte, jetzt jedoch durch diesen Begriff wesentlich mehr Beachtung findet.

Selbstvertrautheit

Der Begriff Selbstvertrautheit wird in der Umgangssprache kaum verwandt. Ich verwende ihn bewusst als Gegenteil zur Selbstentfremdung. Bekannter ist die Aufforderung des Orakels von Delphi: „Erkenne dich selbst", die zwangsläufig zu einer Vertrautheit mit sich selbst führen würde. Dazu passend hat der bedeutende Politiker und Philosoph Michel der Montaigne folgendes gesagt:

„Wer sich selbst nicht kennt und sich fremd ist, kann niemals sein persönliches Glück, seinen individuellen Lebenssinn finden."

Goethe formulierte es so: „Sobald du dir vertraust, sobald weißt du zu leben." (Faust, 1. Teil). Vertrauen kann man nur haben, wenn man vertraut ist mit dem, zu dem man Vertrauen haben soll. Wenn man etwa längere Zeit mit einem Menschen in einer Beziehung lebt, dann stellt sich diese Vertrautheit ein, was zu einer innigen Verbundenheit mit diesem Menschen führen kann. Man schätzt die besonders liebenswerten Seiten, kann aber auch die nicht so angenehmen Seiten oder sogar provozierende Verhaltensmuster des anderen leichter akzeptieren und ist bereit sich damit auseinanderzusetzen, um gemeinsam an der Beziehung zu wachsen.

Diese Grundhaltung dem anderen gegenüber, lässt auch eine veränderte Haltung sich selbst gegenüber zu. Indem man nicht nur seine Stärken und das, was man an sich selbst gut findet, akzeptiert, sondern auch die Seiten, die man weniger an sich schätzt, die noch entwicklungsfähig sind. Von Vorteil ist es hier, dass man die Seiten, die einem an sich selbst nicht so gut gefallen, nach und nach verändern kann, was bei dem anderen nicht so einfach möglich und auch nicht sinnvoll ist. Sie können einem anderen höchstens mitteilen, wie sein Verhalten auf Sie wirkt. Die Verantwortung für sein Verhalten liegt bei ihm oder ihr.

Um Vertrautheit mit sich selbst zu entwickeln, muss man sich zunächst Schritt für Schritt besser kennen lernen. So wie man den anderen Menschen in der äußeren Welt wahrnimmt, so kann man lernen, sich selbst in seiner inneren Welt wahrzunehmen: Die Empfindungen des Körpers, Gefühle und auch Gedanken, die man aus der Distanz, aus dem ICH heraus, beobachten kann.

Körper-Wahrnehmung

Man spricht gerne von einem kopflastigen Menschen, wenn sich jemand überwiegend mit dem Verstand und seinem Denken identifiziert. Oftmals ist ein solcher Mensch so mit seinem Kopf identifiziert, dass er den Körper nur als Anhängsel an den Kopf wahrnimmt. In unserer christlichen Tradition hat der Körper auch keinen hohen Stellenwert; „Bruder Esel“ ist hier ein Begriff, den Franziskus von Assisi für seinen Körper gewählt haben soll. Besonders im Hinblick auf Sexualität ist der Körper etwas, das mit Triebhaftigkeit und Versuchung verbunden wird. So leben viele Menschen in Feindschaft mit ihrem Körper, können seine Energie und die Lebensfreude, die daraus entstehen kann, nicht wirklich wahrnehmen und schätzen. Der Körper bereitet ihnen überwiegend Probleme.

Eine gute Übung, um mit seinem Körper in Kontakt zu kommen, hat Jon Kabat Zinn entwickelt. Er nennt es Bodyscanning. Gemeint ist eine Reise durch den ganzen Körper, wobei man die Aufmerksamkeit auf die einzelnen Körperteile richtet. Man beginnt mit den Fußsohlen, spürt dann nach und nach den ganzen Fuß, geht weiter und weiter über Wadenbeine, Knie usw. in alle Bereiche des Körpers hinein. Hat man sich für eine Weile auf den Körper und seine Teile konzentriert, nimmt man ihn als Ganzes wahr.

Wem es generell schwer fällt, seine Aufmerksamkeit auf etwas zu richten, also kurz gesagt, wer Konzentrationsschwierigkeiten hat, weil immer Gedanken aufkommen, benötigt für diesen Weg der Körperwahrnehmung etwas Zeit und Übung. Gerade dann aber, ist es eine gute Übung, um die Energie, die sich überwiegend im Kopf und Denken aufhält, in die einzelnen Körperteile zu leiten.

Die Bioenergetik ist darauf ausgerichtet, Verspannungen im Körper zu erkennen und sie aufzulösen. Verdrängte Gefühle, etwas, das man nicht mehr hatte fühlen wollen, weil es mit Schmerzen verbunden war, sind oftmals Ursache für zusammengezogene Muskeln im Körper, die zu Verspannungen führen. Mit diesen Verspannungen in Kontakt zu kommen, kann sehr schmerzhaft sein. Daher geht es bei bioenergetischen Übungen, die sie auflösen möchten, manchmal sehr laut zu. Es darf geschrien werden. Sobald sie aufgelöst wurden, ist der Kontakt mit dem Körper und seinen Empfindungen wieder mit Freude verbunden. Man spürt wieder seine Lebendigkeit, was sich wiederum auf die Gefühle auswirkt.

Ihr Standort

Fragen Sie sich, wo Sie sich auf dem Weg zur Selbstvertrautheit im Hinblick auf Ihren Körper befinden. Haben Sie eine gute Beziehung zu Ihrem Körper? Oder ist er eher ein Fremdkörper für Sie? Wenn Sie ihn wahrnehmen, ist es angenehm, ihn zu spüren oder eher unangenehm? Wie sorgen Sie für ihn? Erkennen Sie seine Signale, wenn Sie etwas tun, was ihm nicht gut tut? Wenn ja, nehmen Sie sie ernst? Ist Ihr Körper wie ein Freund für Sie, um den Sie sich sorgen? Möchten Sie, dass es ihm gut geht? Wie vertraut sind Sie mit ihm? Was können, möchten Sie tun, um die Beziehung mit Ihrem Körper zu verbessern?

Nehmen Sie sich etwas Zeit, dies herauszufinden und machen Sie sich Notizen, was Sie in Zukunft tun wollen, um die Beziehung zu Ihrem Körper zu verbessern, um sich mehr und besser um ihn zu kümmern, vor allem aber immer wieder bewusst seine Empfindungen wahrzunehmen.

Wahrnehmung der Gefühle

Es gibt Menschen, die zwischen körperlichen Empfindungen und Gefühlen gar nicht unterscheiden können. Das liegt wohl daran, dass es für sie in der Kindheit notwendig war, ihre Gefühle zu unterdrücken, um die Verletzungen durch Eltern und Umfeld überleben zu können. Viele TeilnehmerInnen haben mir davon berichtet. Ein Kind könnte mit den Verletzungen und den damit verbundenen Schmerzen nicht weiter leben, daher tut es alles, um die mit den Gefühlen verbundenen Schmerzen nicht wahrzunehmen. Es wird daraus, wie schon zuvor beschrieben, eine Art Überlebensstrategie. Das Traurige ist, dass die damals notwendige Abstumpfung im Erwachsenen weiterhin vorhanden ist. Aus Angst, wieder verletzt zu werden, fehlt die Bereitschaft und auch die Fähigkeit dazu, Gefühle überhaupt wahrzunehmen. Was für das Kind eine hilfreiche Strategie war, führt nun zu Schwierigkeiten in Beziehungen, vor allem in Partnerschaften, aber auch in der Beziehung zu den eigenen Kindern. Diese Kinder haben dann häufig später wie Vater oder Mutter, Probleme, ihre Gefühle wahrzunehmen und sie auszudrücken.

Um wieder in Kontakt mit seinen Gefühlen zu kommen, ist es erforderlich, sich ihnen zu stellen und sie nicht weiter zu unterdrücken. Man muss dazu bereit sein, die mit der alten Verletzung verbundenen möglichen Schmerzen auszuhalten. Der Erwachsene ist dazu fähig. In der Identifikation mit dem Inneren Erwachsenen gewinnt man den nötigen Abstand zu den Gefühlen, die man dem Inneren Kind zuordnet und folglich damit umzugehen lernt.

Den Zugang zu seinen Gefühlen wiederherzustellen, indem man eine Beziehung des Inneren Erwachsenen zum

Inneren Kind aufbaut, ist ein erfolgversprechender Weg, um die Verletzungen aus der Kindheit zu heilen, indem man sich nun selbst geben kann, was man damals nicht bekommen hat. Es ist der Weg zur Empathie mit sich selbst und der Bereitschaft, seine Verwundbarkeit, die Verletzungen des Inneren Kindes wahrzunehmen, sie zu akzeptieren und somit schließlich zu heilen. Man läuft nicht länger vor den Schmerzen davon, sondern stellt sich ihnen.

Ihr Standort

> *Fragen Sie sich jetzt, welche Beziehung Sie zu Ihren Gefühlen haben? Nehmen Sie sie an, wie sie kommen, auch wenn sie nicht so angenehm sind? Oder laufen Sie eher vor ihnen davon, wenn sie unangenehm oder sogar schmerzhaft sind? Sind Sie auf der Flucht vor Ihrer Gefühlswelt, vor allem dann, wenn es um die Verletzungen Ihres Inneren Kindes geht? Haben Sie sich als Kind aus einer Art Überlebensstrategie von Gefühlen, die schmerzhaft waren, abgekapselt und sie verdrängt? Könnten Sie sich vorstellen, eine Beziehung zu Ihrem Inneren Kind zu entwickeln und zu versuchen, es zu verstehen? Als Erwachsener können Sie ihm jetzt das selbst geben, was Sie als Kind nicht bekommen haben: Bestätigung, Zuneigung, Anerkennung ...*
>
> *Machen Sie sich bewusst, wo Sie auf dem Weg der Entfremdung von Ihren Gefühlen zur Selbstvertrautheit stehen. Was möchten und können Sie tun, um den Kontakt zu Ihren Gefühlen zu verbessern? Nehmen Sie sich etwas Zeit und machen Sie sich Notizen zu Ihren Vorhaben.*

Wahrnehmung der Gedanken

Wie nimmt man seine Gedanken wahr? Wer glaubt denn wirklich daran, dass er Gedanken hat? Haben die

Gedanken einen nicht ständig? Können Sie sich vorstellen, selbst zu bestimmen, was Sie denken? Oder sind Sie der Meinung, dass man seinen Gedanken ausgeliefert ist? Es werden Ihnen Situationen einfallen, in denen Sie sich ganz bewusst zu einer bestimmten Frage oder zu einem bestimmten Thema Gedanken gemacht haben, also bewusst über etwas nachgedacht haben. Aber ist das nicht eher die Ausnahme?

Falls Sie zu den Menschen gehören, die es schon einmal mit Meditation versucht haben oder die sogar regelmäßig meditieren, haben Sie sicherlich schon erfahren, wie schwer es ist, zu lernen, die Gedanken zu beobachten. Sie haben sich wahrscheinlich zunächst hingesetzt, haben eine entspannte Körperhaltung eingenommen und dann versucht, wie es vorgeschlagen wird, Ihren Atem in aufrechter Haltung wahrzunehmen. Dann haben Sie schnell erkannt, dass es gar nicht so einfach ist, sich ganz auf die Bewegung des Atems zu konzentrieren. Wer das zum ersten Mal bewusst tut, ist meist entsetzt darüber, was da im Kopf so alles völlig unkontrolliert vor sich geht. Leider ist das aber der Normalzustand, in dem viele Menschen sich befinden. Solange der automatische Gedankenfluss einen hat, ist es schwer, klare Gedanken zu fassen.

Versuchen Sie einmal ganz gegenwärtig zu sein und beobachten Sie Ihre Gedanken. Versuchen Sie, den nächsten Gedanken, der in Ihr Bewusstsein tritt, bewusst wahrzunehmen. – Was ist Ihre Erfahrung?

In den meisten Fällen nehmen Sie keinen Gedanken wahr. Merkwürdig, oder? Es ist so, dass die Gedanken zur Ruhe kommen, wenn Sie völlig gegenwärtig sind. Genau dann, wenn man sich auf den nächsten Gedanken, der da kommen könnte, konzentriert.

Seine Gedanken bewusst wahrzunehmen und mit seiner gedanklichen Welt vertraut zu werden, ist meist eine noch größere Herausforderung als mit Körper und Gefühlen. Auf der gedanklichen Ebene laufen die roboterhaften Konditionierungen, vermeintliche Wahrheiten, Verhaltens- und Glaubensmuster sowie Ängste auf, die sich als Vorstellungen und Phantasien davon entwickeln, was so alles in der Zukunft passieren könnte.

Die Herausforderung ist, aus diesem Halbschlaf, in dem die unbewussten Gedanken ablaufen, zur Gegenwart, zur bewussten Wahrnehmung zu erwachen und wach zu bleiben.

Es gibt bei vielen immer wieder Augenblicke des Wachseins und der Präsenz, dann aber versinken sie wieder in ihrer aus dem Unbewussten gesteuerten Gedankenwelt. Sehr gut kann man das bei anderen wahrnehmen. Dann sieht man den eben noch wachen Blick, mit dem der andere einen anschaut, wenn man zu ihm spricht. Doch plötzlich ist da kein Blickkontakt mehr. Die Augen werden glasig. Das Gegenüber hat sich wieder von einem verabschiedet. Hört man in diesem Moment auf, zu reden, wird das vom Gegenüber meist gar nicht bemerkt.

Sich zu bemühen, in der Gegenwart zu bleiben, dem anderen wirklich zuzuhören, ist eine der wirkungsvollsten Übungen, um wach zu bleiben, die ich kenne. Möglicherweise wird man sich dabei bewusst, dass der andere sich darüber freut, dass man ihm aufmerksam zuhört, weil er spürt, dass man Interesse an ihm bzw. an dem hat, was er sagt. Das Zuhören fällt leicht, wenn das, was der andere erzählt, wirklich interessiert. Ist das Zuhören nur ein Akt der Höflichkeit, weil das Gesagte belanglos ist, kann man sich auch bewusst entscheiden, das Gespräch zu beenden, oder sich weiter bemühen, aufmerksam zuzuhören.

Ihr Standort

Wie haben die Ausführungen über Verstand und Denken auf Sie gewirkt? Was ist Ihnen bewusst geworden? Welche Beziehung haben Sie zu Ihren Gedanken? Finden Sie, dass Sie überwiegend einem zwanghaften Denken ausgeliefert sind? Welche Gedanken sind das meistens? Sind sie überwiegend mit der Vergangenheit oder mit der Zukunft beschäftigt? Welchen Charakter haben Ihre Gedanken, wenn sie sich mit der Zukunft beschäftigen? Sind sie positiv und zuversichtlich oder eher mit Sorgen und Ängsten behaftet, mit negativen Bildern und Gefahren, die da eintreten könnten? Wie gehen Sie mit diesen Gedanken um? Sind Sie ihnen mehr oder weniger ausgeliefert, oder können Sie Einfluss auf sie nehmen, etwas verändern. Haben Ihre Gedanken Sie, oder nehmen Sie Einfluss auf das, was Sie denken?

Finden Sie Ihren Standort heraus. Wo befinden Sie sich gegenwärtig in der Beziehung zu Ihrer gedanklichen Welt, den Dingen, die sich in Ihrem Kopf abspielen. Bemühen Sie sich, in die Beobachter-Position des ICH zu gehen und Ihre Gedanken bewusst wahrzunehmen. Versuchen Sie, das zu denken, was Sie denken möchten, sodass Sie Ihren Gedanken nicht überwiegend ohnmächtig ausgeliefert sind. Werden Sie sich stattdessen darüber bewusst, dass Sie sie verändern können.

Durch die Praxis regelmäßiger Meditation oder ähnlicher Übungen von Gegenwärtigkeit lernen Sie immer mehr, Einfluss auf Ihre gedanklichen Prozesse zu nehmen.

Von der Fremdbestimmung zur Selbstbestimmung

Fremdbestimmung ist die Folge von Selbstentfremdung. Man weiß weder was man wirklich will noch woran man Freude hat, man kennt seine Bedürfnisse nicht. Das mag zunächst vielleicht übertrieben klingen, doch wie oft frage ich meine Klienten in Gesprächen, was ihnen im Leben Freude macht. Sie schauen mich dann häufig erstaunt an und haben keine Antwort auf diese Frage. Sie kennen oft zwar die Bedürfnisse anderer und was sie von ihnen erwarten und wissen, wenn sie diese Erwartungen erfüllen, werden sie von anderen gemocht, oder sie begegnen ihnen wenigstens mit Wohlwollen. Hinter dieser Fokussierung auf die Bedürfnisse anderer, steckt die Angst vor Zurückweisung und Ablehnung, die in der Kindheit erfahren wurde. Um eine erneute Verletzung zu vermeiden, stellt man seine eigenen Ansprüche zurück. Es ist das Innere Kind, das diese Ängste hat.

Selbstbestimmung setzt voraus, dass man sich bewusst ist, eine Wahl zu haben, zum Beispiel sowohl ja als auch nein zu sagen. Um die richtige Wahl zu treffen, brauchen Sie Klarheit darüber, was Sie wirklich wollen. Fragen Sie sich, ob Sie die Bedürfnisse und Erwartungen anderer erfüllen möchten oder ob Sie den eigenen Bedürfnissen und Wünschen den Vorrang geben. Das erfordert immer wieder eine neue Entscheidung, denn sonst erfolgt nur eine umgekehrte Konditionierung. Anstatt wie bisher immer „ja" zu sagen, würden Sie jetzt immer „nein" sagen. Das wäre dann der Weg zu reinem egoistischen Denken, bei dem es Ihnen immer nur um die Erfüllung Ihrer Bedürfnisse ginge. Um immer wieder neu zu entscheiden, ist es erforderlich, dass Sie

- genügend Klarheit darüber haben, was Ihnen gut tut, was Sie zufrieden und glücklich macht,
- Ihren eigenen Bedürfnissen und Wünschen zumindest den gleichen Stellenwert einräumen wie den Bedürfnissen anderer,
- riskieren, dass andere Sie wegen Ihrer Entscheidung kritisieren, grollen oder sich sogar von Ihnen abwenden,
- mit der Angst vor Ablehnung umgehen können.

Zusammengefasst: Der wirkliche Erwachsene ist herausgefordert, Verantwortung für sich und seine Bedürfnisse selbst zu übernehmen.

Machen Sie sich bewusst: Selbstbestimmung gehört zu den Grundrechten Ihres Menschseins und hat nichts mit Egoismus zu tun.

Um sich orientieren, wie es mit Ihrer Beziehung zu Ihrem Willen steht, können Sie die von Assagioli beschriebenen 3 Phasen nutzen, die ich Ihnen im Folgenden vorstelle.

Phase 1: Da ist kein Wille

Die sogenannte schwarze Pädagogik hatte zum Ziel, dem Kind das Bewusstsein, dass es einen Willen hat, völlig auszutreiben. Am Ende durfte dieses Bewusstsein nicht mehr existieren, der erwachsene Mensch nicht mehr wissen, dass er einen Willen hat. Dieses Ziel wurde häufig, auch noch in der nahen Vergangenheit, durch mehr oder weniger unbewusste Einflussnahmen der Eltern oder Bezugspersonen auch erreicht, sodass es tatsächlich auch heute noch Menschen gibt, die nicht wissen, dass sie einen Willen haben und damit auch entschieden „nein" sagen können. Das eigene Leben wird bestimmt durch die Erwartungen und Anforderungen anderer Menschen. Obwohl man erwachsen und damit eigentlich unabhängig sein sollte, glaubt man, dass alle Menschen einem wohlgesonnen sein, einen lieben müssten. 1977 erschien eine Sammlung von Erziehungsvorschriften unter dem Titel *Schwarze Pädagogik*, die von Katharina Rutschky zusammengestellt wurde.

Phase 2: Da ist so etwas wie ein Wille, von dem ich Gebrauch machen kann.

Im Bewusstsein, dass man im Grunde keinen Willen hat, erfährt man gelegentlich, dass man auch einmal nein sagen und widersprechen, den eigenen Bedürfnissen Priorität einräumen kann. Das kann ein Auslöser sein, zukünftig von diesem Willen öfter Gebrauch zu machen. Man erkennt, dass es da tatsächlich etwas wie eine Wahl gibt, zwischen Ja und Nein, zwischen Selbstbehauptung und Unterwerfung, Zustimmung und Widerspruch. Je öfter man erkennt, dass man diese Wahl hat und auch bewusst wählt, desto mehr kann sich die nächste Phase entwickeln.

Phase 3: Ich habe einen Willen

In dieser Phase hat sich im Bewusstsein stabilisiert, das man einen Willen und damit eine Wahl hat. Aus dieser Einsicht kann man sich selbst bei Auseinandersetzungen bemühen, innezuhalten bevor man „spontan“ reagiert. Man nimmt sich die Zeit, sich die Frage zu stellen: *Was will ich* eigentlich? Dabei wägt man die eigenen Bedürfnisse und die des anderen miteinander ab und entscheidet dann bewusst von Fall zu Fall. Anstatt sich selbst eine Freude zu machen, kann man sich durchaus auch dazu entscheiden, einem anderen eine Freude zu bereiten, indem man auf seine Wünsche eingeht. In diesem Fall tut man es aber dann nicht aus Angst vor Ablehnung, sondern weil es einem selbst auch Freude macht.

Selbstbestimmtes, bewusstes Agieren setzt Vertrautheit mit sich selbst voraus. Sobald man seine Bedürfnisse und Wünsche kennt und weiß, was wichtig und wesentlich für das eigene Leben ist, haben Entscheidungen diese Qualität.

Wenn Sie wollen, können Sie einen kleinen Test machen, der Ihnen diese unterschiedlichen Gefühle bei Selbstbestimmung und Fremdbestimmung unmittelbar für Sie erfahrbar macht.

Test

Nehmen Sie ein Blatt Papier und schreiben Sie auf, was Ihnen einfällt in Verbindung mit „Ich sollte ...“ Gehen Sie in sich und lassen Sie alles hochsteigen, was Sie mit „Ich sollte ...“ ausdrücken könnten. Nehmen Sie sich Zeit, um möglichst vieles zu entdecken, was Sie sollten.

Beispiel: Ich sollte ehrlicher sein.

Wenn Ihnen nichts mehr einfällt, ändern Sie die Sätze, die mit „Ich sollte ... beginnen, in „Ich könnte ... – und ich habe eine Wahl“.

Beispiel: Ich könnte ehrlicher sein – und ich habe eine Wahl.

Gehen Sie jetzt beide Listen noch einmal durch. Lesen Sie zuerst die „Ich sollte …“-Sätze.

Wie fühlen Sie sich? Nehmen Sie beim Lesen der beiden Listen Unterschiede bei Ihren Gefühlen und Körperempfindungen wahr? Wenn ja, welche?

Diese Veränderungen in der Formulierung sind besonders nützlich, wenn es sich um Konfliktthemen wie etwa „Ich sollte mehr Zeit für meine Kinder, Freunde, Eltern etc. haben.“

Das „Ich sollte“ kommt von außen. Es sind die Erwartungen anderer, die zu erfüllen sind. Tut man das nicht, wird man häufig kritisiert. Die Formulierung kennzeichnet, dass man aus einer Fremdbestimmtheit heraus handelt. Beim „Ich könnte“ wird die Wahlmöglichkeit bewusst. Man erkennt, dass man diese Wahl hat und selbst bestimmen kann, ob man etwas wirklich will oder nicht. Sobald Sie sich bewusst machen, dass Sie eine Wahl haben, können sich intuitive Einfälle einstellen. Aus einer selbstbestimmten Einstellung, kommen immer auch tieferliegende Einsichten zum Vorschein, die dann auch mit mehr Elan umgesetzt werden können.

Ihr Standort

Erkennen Sie, inwieweit Ihr Handeln selbstbestimmt ist, indem Sie auf diese Fragen antworten:

- *Lebe ich noch überwiegend in einem Bewusstsein, dass ich im Grunde gar keinen Willen habe, zumindest nicht in dem Sinne, wie ich mir das vorstelle?*
- *Mache ich mir überwiegend bewusst, dass ich eine Wahl habe, ja und nein zu sagen und es auch darf? Gibt es Ängste, die mich daran hindern, zu widersprechen und nein zu sagen?*

- *Gibt es einen Zusammenhang zwischen diesen Ängsten und der Erkenntnis, dass ich noch häufig mit meinem Inneren Kind identifiziert bin. Habe ich noch Angst vor Liebesentzug?*
- *Kann ich nein sagen, wozu auch das Verständnis für die gehört, die möglicherweise durch mein Nein enttäuscht sind?*
- *Erkläre ich dann, wenn sinnvoll, weshalb ich nein sage und meinen Bedürfnissen in diesem Fall den Vorzug gebe? Grundsätzlich jedoch gilt, dass man nicht verpflichtet ist, ein Nein zu rechtfertigen.*

Ihre Antworten auf diese Fragen geben Ihnen Aufschluss darüber, wo Sie sich auf dem Weg zur Selbstbestimmung befinden.

Machen Sie sich Notizen: Was wollen Sie in Zukunft ändern? Was können Sie im Einzelnen dafür tun? Welche Herausforderungen werden nicht lange auf sich warten lassen, sobald Sie sich anders als bisher verhalten?

Vom Kind-Erwachsenen zum reifen Erwachsenen

Beim Kind-Erwachsenen hat sich das Innere Kind von seinen Gefühlen und häufig auch von seinem Körper abgeschnitten, um sich zu schützen, um zu überleben. Der Grund war der Mangel des Kindes an Bestätigung, Anerkennung, Liebe, aber auch Missbrauch kann zu dieser Selbstentfremdung beigetragen haben, die den heute Erwachsenen verletzbar und fremdbestimmbar macht, wie im ersten Teil des Buches beschrieben. Im Kontakt mit dem Inneren Kind kann der Innere Erwachsene nun selbst Verantwortung für die Erfüllung seiner Sehnsüchte, Bedürfnisse und Wünsche übernehmen. Diese Unabhängigkeit und Klärung macht es leichter, sich auf den folgenden Segmenten des Weges weiterzuentwickeln.

Ihr Standort

Wie sieht es bei Ihnen in Bezug auf die Entwicklung des Inneren Erwachsenen aus? Sind Sie als Erwachsener häufig in Kontakt mit Ihrem Inneren Kind? Nehmen Sie seine Bedürfnisse wahr? Geben Sie ihm überwiegend das, was es braucht? Bedingungslose Liebe, Bestätigung, dass es ok ist, so wie es ist, Anerkennung, wenn es etwas Gutes vollbracht hat? Wie abhängig sind Sie noch von anderen, dass Sie mehr oder weniger alles von ihnen bedürfen, damit Ihr Inneres Kind glücklich ist? Inwieweit haben Sie die Verantwortung für Ihr Leben, Ihre Zufriedenheit und Ihr Glücklichsein bereits selbst übernommen?

Falls Sie merken, dass Sie hier noch deutliche Defizite haben, gehen Sie immer wieder zurück zum ersten Teil dieses Buches. Er wird Ihnen helfen, sich mehr und mehr diesem reifen Erwachsenen zu nähern.

Von der Angst zum Vertrauen

Es gibt einen Unterschied zwischen Angst und Furcht. Man fürchtet sich vor etwas, das tatsächlich passieren kann. Diese Furcht ist sozusagen lebensnotwendig, damit man nicht blind in Situationen hineinläuft, auf die man sich hätte besser vorbereiten können. Furcht ist ein Warnsignal: „Vorsicht!" Meist ist es auf etwas Konkretes bezogen. Es gibt die Furcht, dass man sich eine Infektion holen könnte, wenn Ansteckungsgefahr besteht. Dann kann man sich entsprechend informieren und Vorbeugungen treffen, damit das möglichst nicht passiert. Das Beispiel lässt sich auf alles übertragen, bei dem „Vorsicht geboten" ist.

Angst hingegen ist häufig mit Vorstellungen und Phantasien verbunden. Man malt sich aus, was passieren könnte und was die Folgen sein könnten. Die Vorstellungen sind meistens verschwommen und unklar. Es kann dann durchaus sinnvoll sein, sich zu fragen, was das Schlimmste sein könnte, was eintreten könnte, vor dem man Angst hat. So kann man zu dem Ergebnis kommen, dass es gar nicht so schlimm sein würde, wie man es sich vorgestellt hat. Im Gegenteil, aus der konkreten Vorstellung, was passieren könnte, kann wiederum ein Vertrauen erwachsen, mit diesem „Schlimmsten" auch umgehen bzw. es so, wie es ist, akzeptieren zu können. Dadurch werden Ängste zwar nicht völlig vertrieben, doch wird das Vertrauen gestärkt, um mit solchen Problemen umgehen und sie überwinden zu lernen.

Die Ursache der Ängste liegt meist in mangelndem Vertrauen, etwa in seine eigenen Fähigkeiten. Es gibt Ängste, Herausforderungen und bevorstehende Aufgaben nicht bewältigen zu können. Daraus erwächst die Angst zu versagen, nicht gut genug zu sein, um den Ansprüchen des Umfeldes gerecht zu werden. Das können Anforderungen beruflicher Art sein, aber auch solche von Menschen, die man nicht enttäuschen möchte. Aus der Verletzung des Inneren Kindes führt letzteres bis in eine Verlustangst. Häufig ist es sogar pure Existenzangst. Man glaubt, die Zuneigung des anderen zu verlieren, wenn man seinen Ansprüchen nicht genug. Für das Kind hätte das seine Existenz gefährdet. Der Erwachsene ist jedoch nicht auf die Zuneigung des anderen mehr angewiesen, weil er für seinen Lebensunterhalt selbst sorgen kann.

Oft werden auch schlechte Erfahrungen aus der Vergangenheit immer wieder auf die Zukunft projiziert. Dann stellt man sich vor, dass die Dinge, die man erfahren hat, etwa ein Verlust, sich auch in der Zukunft wiederholen kann. Das kann den Verlust des Arbeitsplatzes, eine Partnerschaft/Beziehung genauso betreffen, wie eine Prüfung, die man nicht bestanden oder eine Situation, in der man sich nicht richtig verhalten hat.

Man kann sich fragen, ob es überhaupt möglich ist, Vertrauen in die Zukunft des Lebens zu entwickeln, wenn man in der Vergangenheit so häufig schlechte Erfahrungen auf bestimmten Gebieten gemacht hat. Wenn etwas wirklich so geschehen ist, kann man das dann einfach wegstecken und offen und ohne Ängste in die Zukunft schauen? Das ist ohne Zweifel nicht einfach. Und es ist nahezu unmöglich, wenn man sich durch diese Erfahrungen in eine Opferrolle hineinbegibt.

Um sich aus der Projektion von Erfahrungen in der Vergangenheit in die Zukunft zu befreien, ist es sinnvoll, das Geschehene zunächst einmal so zu akzeptieren, wie es war, ohne Wenn und Aber. Am besten bewertet man das Geschehene gar nicht erst als etwas Positives oder Negatives. Das klingt nach Verdrängung, ist es aber nicht.

Blicken Sie selbst einmal auf Ihr Leben zurück. Sind da nicht viele Dinge passiert, die zunächst einmal mit negativen Gefühlen verbunden waren, die Sie als furchtbar und schmerzhaft erfahren haben? War es dann aber nicht häufig so, dass eine ganze Reihe von Ereignissen, die Sie zunächst als negativ erfahren haben, sich im Laufe der Zeit dann als notwendig herausgestellt haben, damit Sie so leben können, wie Sie es jetzt tun? Hatten Sie nach solchen Fällen zuweilen das Gefühl, dass Sie sich als Mensch gerade dadurch weiterentwickelt haben? Oder hat sich sogar etwas ganz Neues entwickelt, aus dem Sie die Ereignisse der Vergangenheit jetzt völlig anders bewerten? Eine Geschichte aus China macht deutlich, was ich meine.

Sie erzählt von einem alten Landarbeiter, der für die Arbeit auf dem Feld ein altes Pferd besaß, das ihm eines Tages weglief. Die Nachbarn kamen, um ihn zu trösten und sein Pech zu bedauern. Er antwortete darauf: „Pech? Glück? Wer weiß das schon?“ Eine Woche später kehrte das Pferd zurück. In seiner Begleitung kam eine ganze Herde von Wildpferden. Dieses Mal gratulierten ihm die Nachbarn zu seinem Glück. Doch wieder war seine Antwort: „Pech? Glück? Wer weiß das

Von ? zur Spiritualität

Es ist schwierig den Ausgangspunkt für den Weg zur Spiritualität zu beschreiben, weil die Erfahrungen damit von Mensch zu Mensch unterschiedlich sind. Wie wir in den vorangegangenen Kapiteln unter „falscher Religiosität“ oder „falscher Religion“, wie Richard Rohr sie nennt, ausgeführt haben, könnte man dieses Segment möglicherweise auch in der Überschrift „Von ‚nur‘ Glauben zur wahren Spiritualität“ zusammenfassen. Da Glaube aber sehr unterschiedlich interpretiert werden kann, möchte ich hier Missverständnisse vermeiden. Wie gesagt, Worte sind begrenzt und können immer nur auf etwas hindeuten. Das, was gemeint ist, ist nicht nur durch das Wort auszudrücken.

Um eigenen günstigeren Ausgangspunkt zu finden, um Ihren Standort in diesem Segment zu bestimmen, helfen möglicherweise einige Fragen weiter, die Sie sich nun stellen können:

Fragen

1. *Glaube ich überhaupt an etwas, was man mit Gott bezeichnen könnte?*

   Wenn ja, welches Bild habe ich von ihm?

Ist Gott für mich

- *ein von mir getrenntes Wesen, das irgendwo im Universum existiert?*
- *so etwas wie ein Richter, der mich beobachtet, meine guten und schlechten Taten (Sünden) notiert und mich so nach meinem Leben mit Himmel belohnt oder mit Fegefeuer bzw. Hölle (Jüngstes Gericht) bestraft?*
- *ein Begriff, den ich nicht mehr verwenden möchte, weil dieses Wort für etwas missbraucht wird, was Gott für mich nicht ist?*

2. Welches Bild habe ich von Jesus Christus?

Glaube ich, dass Jesus

- *Kein normaler Mensch war und daher als „Sohn Gottes" bezeichnet wird, was für alle andere Menschen nicht gilt?*
- *ein Mensch wie jeder andere war, der aber die Trennung von dem, was man Gott und er selbst Vater nennt, überwunden und wieder zur Einheit mit Ihm gefunden hat?*

Wenn Sie möchten, können Sie sich noch weitere Fragen in ähnlicher Form stellen. Vielleicht ist das aber auch gar nicht notwendig, um Ihren Standort im Hinblick auf Gott, Religiosität und Spiritualität zu erkennen. Ein anderes Kriterium, um den Ausgangspunkt auf diesem Weg zu beschreiben, ist das Bild, das Sie von sich selbst haben, wer oder was Sie selbst zu sein glauben. Mit was sind Sie überwiegend identifiziert? Wer oder was sind Sie als Mensch auf dieser Welt? Empfinden Sie sich als ein getrenntes Wesen, getrennt vom Universum, getrennt von dem, was man Gott nennt?

Wenn Sie möchten, können Sie eine Übung machen:

Übung

Stellen Sie sich immer wiederholend die Frage „Wer bin ich?"

Schreiben Sie jeweils auf, was Ihnen spontan einfällt. Schreiben Sie „Ich bin..., ich bin..., ich bin... usw. bis Ihnen nichts mehr einfällt. Schauen Sie sich dann die Antworten an. Sie gewinnen so eine Übersicht dazu, mit was Sie sich am meisten identifizieren. Fragen Sie sich dann, welche Auswirkungen das auf Ihr Leben hat.

Der Weg zur Spiritualität

Da der Begriff Spiritualität wie so viele andere bedeutsame Worte häufig missbraucht wurde, können viele das Wort schon nicht mehr hören. Auch Nachschlagewerke helfen hier nicht wirklich weiter. Einige setzen Spiritualität mit Frömmigkeit gleich. So definiert der Brockhaus den Begriff 2004 als „heute weitgehend gleichbedeutend mit Frömmigkeit“, das Lexikon der Psychologie (2000-2002) wiederum fasst „Frömmigkeit“ als „eine vom Glauben getragene geistige Orientierung und Lebensform“, während der Duden (1999–2004) die alten Definitionen beibehalten hat: „Geistigkeit; inneres Leben, geistiges Wesen“. In den Wissenschaften wird Spiritualität meist im weiteren Konfessionen und Religionen übergreifenden Sinn verwendet. Im Brockhaus von 1973 heißt es zum Stichwort: „Heute ist Spirituelles darüber hinaus zu einem vielfach verschwommenen Modewort geworden, läuft unter den Oberbegriffen Esoterik und Lebenshilfe und ist auch bereits in nahezu allen profanen Bereichen präsent. Bei Wikipedia wird der Begriff Spiritualität als Schlagwort in Zusammenhang mit *New Age* und alternativer Heilkunde gebraucht. Ein Dschungel an Definitionen, die alle wiederum der „Finger“ sind, der auf den „Mond“ zeigt, dessen Essenz man mit Worten nicht beschreiben, sondern sie nur in sich erfahren kann.

Tastet man sich an die Wurzel des Wortes heran, so ist der Ausgangspunkt des abstrakten Begriffs das lateinische Wort *Spiritus*, was mit Geist übersetzt wird. Der Kern ist spiro, was „ich atme“ bedeutet. Geist wird also mit Atem in Verbindung gebracht. Es gibt keine Begründung, weshalb Geist etwas mit Atem zu tun hat. In der Bibel allerdings heißt es, dass Gott Adam Leben einhauchte. Man kann Leben als etwas betrachten, das vom Geist geschaffen wird. Mir gefällt diese bildhafte Sprache. Dem Embryo wird wie bei Adam nach einer gewissen Zeit Leben „eingehaucht“. Dieses Leben bleibt erhalten bis das menschliche Wesen wieder zu atmen aufhört. So könnte man sagen, dass das, was eingehaucht wird, dieser göttliche Geist ist. Da der Begriff Geist aber in der deutschen Sprache so unterschiedlich verwendet wird, möchte ich den „Spirit“ mit großen Buchstaben, also als GEIST, vom Geist unterscheiden, der in der englischen Sprache als „Mind" bezeichnet wird.

Wie schon zuvor erwähnt, wird der GEIST vom chinesischen Zen-Meister Huang Po in seiner Lehre auf eine wunderbare Weise beschrieben.

Einer seiner Schüler beschreibt ihn: „Huang Po lehrte nichts anderes als die Lehre vom EINEN GEIST. Es gab für ihn keine andere Unterweisung, da Geist und Substanz in gleicher Weise leer sind und die Kette von Ursache und Wirkung ohne Bewegung ist. Deshalb waren die Worte des Meisters einfach. Sein Denken unmittelbar. Sein Lebensweg edel. Aus allen Himmelsrichtungen kamen die Schüler zu ihm und sahen zu ihm auf wie zum Gipfel eines hohen Berges. Durch die Begegnung mit ihm erwachten sie zur Wirklichkeit. Mehr als tausend Schüler waren immer gleichzeitig um ihn versammelt." Dieser Schüler (P'ei Hsiu) hat seine Lehren aufgeschrieben, damit sie den nachfolgenden Generationen weitergegeben werden konnten. Er beginnt diese Aufzeichnungen wie folgt:

„Alle Buddhas und alle Lebewesen sind nichts als der eine Geist, neben dem nichts anderes existiert. Dieser Geist, der ohne Anfang ist, ist ungeboren und unzerstörbar. Er ist weder grün noch gelb, hat weder Form noch Erscheinung. Er gehört nicht zu der Kategorie von Dingen, die existieren oder nicht existieren. Auch kann man ihn nicht ausdrücken wie in Alt oder Neu. Er ist weder lang noch kurz, weder groß noch klein, denn er überschreitet alle Maßen, Namen, Zeichen und Vergleiche. Du siehst ihn stets vor dir, doch sobald du über ihn nachdenkst, verfällst du dem Irrtum. Er gleicht der unbegrenzten Leere, die weder zu ergründen noch zu ermessen ist. Dieser EINE GEIST ist Buddha."

Was im Buddhismus Buddha-Natur genannt wird, kann man in der christlichen Sprache Christus-Bewusstsein nennen. Reines Bewusstsein ist ein anderer Begriff, der häufig von Weisheitslehrern wie Nisargadatta gebraucht wird, um zu beschreiben, wer oder was wir in der Essenz unseres Seins sind.

Man könnte diesen EINEN GEIST auch Gott nennen, wenn dieses Wort nicht so missbraucht würde. Das würde dann mit dem übereinstimmen, was Willigis Jäger ausgedrückt hat mit „Gott will nicht *verehrt*, er will *gelebt* werden.

Vertreter der Quantum-Physik drücken es ähnlich aus. Hans Peter Dürr etwa sagt: „Im Grunde gibt es Materie gar nicht. Jedenfalls nicht im geläufigen Sinne. Es gibt nur ein Beziehungsgefüge, ständigen Wandel, Lebendigkeit. Wir tun uns schwer, uns dies vorzustellen. Primär existiert nur Zusammenhang, das Verbindende ohne materielle Grundlage. Wir könnten es auch **Geist** nennen. Etwas, was wir nur spontan erleben und nicht greifen können. Materie und Energie treten erst sekundär in Erscheinung – gewissermaßen als geronnener, erstarrter Geist."

Solange wir atmen, leben wir aus diesem EINEN GEIST. Interessanterweise ist die Konzentration auf den Atem, um den Geist zur Ruhe zu bringen, die zentrale Übung bei den meisten Meditationen. Ich las einmal, wenn man Gott irgendwo wahrnehmen möchte, dann solle man ihn hinter seinem Atem wahrnehmen. Spiro bedeutet ich atme. Ich atme aus dem GEIST des Lebens.

Albert Schweitzer hatte eine mystische Erfahrung, in der ihm bewusst wurde, dass der Mensch ein Teil jeglichen Lebens im Universum ist. In einer Vision sah er die Worte „Ehrfurcht vor dem Leben" vor sich. Kern der mystischen Erfahrung war für ihn eine Erweiterung des Liebesgebotes Jesu, nämlich nicht nur „Liebe deinen Nächsten wie dich selbst, sondern liebe alle Wesen wie dich selbst."*Kommentar in der Sendung*: „Ehrfurcht vor dem Leben umfasst Menschen, Tiere und Pflanzen. Und sogar, kann man heute sagen – auch die unbelebte Natur."

In der Vision hatte Schweitzer die Grenzen seiner Identifikation mit dem Menschsein überschritten. Er erfuhr die Verbundenheit mit allem, was lebt, einschließlich der unbelebten Natur, wie im Radiobeitrag zusätzlich vermerkt wurde. In diesem Augenblick wurde das Ego-Bewusstsein des Getrenntseins überwunden und wurde zum Einheitsbewusstsein. Für Albert Schweitzer war die Ehrfurcht vor dem Leben eine zentrale Botschaft. Aus ihr „kann man kein Leben mehr schädigen oder vernichten", war eine der Schlussfolgerungen, die er daraus zog.

Das bestätigt, dass der Weg der Spiritualität ein Weg der Befreiung von allen falschen Identitäten und Bildern ist, die man von sich selbst hat. Es ist der Weg von einem zeitlich begrenzten *Seienden* zum reinen *Sein* oder *reinen Bewusstsein*, das zeitlos, ewig ist. Es ist der Weg aus der inneren Wahrnehmung des Getrenntseins zu einer Wahrnehmung von Verbundenheit mit Allem, mit dem EINEN GEIST.

Spiritualität

- überschreitet den Glauben an etwas, was sich aufgrund von auftretenden Zweifeln immer wieder verändert, um zu einem ***inneren Wissen*** zu gelangen, das in der Erfahrung des reinen Seins vermittelt wird.
- befreit von den zahlreichen falschen Identitäten und Bildern, die man von sich selbst entwickelt hat, wie auch von den zahlreichen Glaubensmustern, die oft die Ursache von Ängsten und mangelndem Selbstvertrauen sind.
- überwindet das Falsche Selbst und führt zu einem Leben aus dem Wahren Selbst.

Aus dem spirituellen Bewusstsein zu leben, dem Bewusstsein von Einheit und Verbundenheit, ist die größte Herausforderung unseres Lebens. Es ist der Weg der Selbstrealisierung, wie Abraham Maslow die höchste Stufe seiner Bedürfnispyramide nannte.

Ich vergleiche das Wachstum eines Menschen gerne mit einer Rose, die das in ihr vorhandene Rosen-Potential voll entwickelt und in ihrer Ganzheit aufblüht. Das ist der tiefere Sinn ihres Seins. Wenn die Umwelt das mit Licht und Wasser unterstützt, geschieht das einfach von selbst. Im Vergleich zur Rose scheinen die meisten Menschen als Knospen zu sterben, weil sie in unserer Kultur nicht ihre wahre Natur leben können.

Auf einer Postkarte las ich einst „Jeder Mensch wird als Original geboren, aber die meisten sterben als Kopien" (Kaspar Schmidt 1806-1856). Sie hängt heute in meinem Treppenhaus und so werde ich häufig von Teilnehmern darauf angesprochen. Das Zitat macht sie nachdenklich. Wird man überwiegend von der Außenwelt gelebt, anstatt selbst bewusst zu leben? Ist man schon zur Kopie geworden? Ist das Original, als das sie auf die Welt gekommen sind, verloren gegangen? Wenn wir vergessen haben, wer wir sind, leiden wir an spiritueller Demenz. Der Grund, weshalb wir von unserer Essenz nichts mehr wissen, ist, dass wir der äußeren Welt, den Menschen, den kulturellen Institutionen, Kirchen usw. das geglaubt haben, was sie uns darüber mitgeteilt haben, wer wir seien.

Die 9 Grundsätze der von Stephen Wolinsky entwickelten **Quantum-Psychologie** zeigen einen Weg auf, wie wir uns wieder dem Original unseres Seins nähern können:

1. Es gibt nur diese eine Substanz *(Anm.: Der EINE GEIST)*
2. Was du über dich selbst weißt, kam von außerhalb. Deshalb löse dich davon!
3. Hinterfrage alles, glaube nichts.
4. Um herauszufinden, wer du bist, musst du erst herausfinden, wer du nicht bist.
5. Um etwas gehen zu lassen, musst du erst wissen, was es ist. *(Anm.: Falsche Identitäten)*

6. Derjenige, der erfährt, ist ein Teil der Erfahrung.
7. Alles, was du denkst zu sein – das bist du nicht.
8. Halte dich an das ICH BIN, lasse alles andere gehen.
9. Alles, was du über dich weißt, kann nicht sein (frei übersetzt: „ist nicht wahr")

Als das Original zu leben, als das wir geschaffen wurden, setzt Bewusstheit voraus, im ICH zu sein, dort im Inneren zu sein, wo nur das „Ich bin!" ist, ohne die unbewussten Identifikationen.

Zusammenfassung:

Grundlage eines spirituellen Lebens ist die Befreiung von allen unbewussten Identifikationen, davon, was man glaubte zu sein. Was bleibt, ist das ICH BIN, Reines Bewusstsein, das, was ich zuvor mit dem EINEN GEIST bezeichnet habe.

Was dieser Zustand bewirkt, vermittelt folgende Darstellung:

DER **EINE GEIST**

bewirkt zwei Charakteristiken in unserem menschlichen Sein:

FREIHEIT	**und**	**VERBUNDENHEIT**
Unabhängigkeit – Individualität		Eins-Sein mit Allem
WILLE		LIEBE

Das daraus resultierende

LEBEN

führt zur

KLARHEIT

Das ist die Essenz eines

GANZHEITLICH GEFÜHRTEN

LEBENS

Ganzheitlich, weil es beide Ebenen einbezieht, die Personale wie die Transpersonale Ebene. Das Einbeziehen von Verstand und Intuition führen zur Klarheit.

Zum Abschluss noch eine Anregung für solche, denen es schwerfällt, keinen Gott als Gegenüber zu haben, zu dem sie sprechen können. Wir leben im Alltagsbewusstsein weiterhin auf der personalen Ebene, auf der es ein ICH und ein DU gibt, also in einem dualistischen Bewusstseinszustand. Auf dieser Ebene sind auch weiterhin Dialoge möglich. Im ersten Teil finden Sie am Ende eine Übung eines solchen inneren Dialogs des Erwachsenen mit seinem Inneren Kind, die Sie selbst durchführen können.

Bei den Übungen der Psychosynthese gibt es auch einen inneren Dialog zwischen unserem Personalen Selbst und dem Transpersonalen Selbst:

Dialog mit dem Transpersonalen Selbst

> *Das „Personale Selbst" (ICH) und das Transpersonale Selbst (SELBST) sitzen sich gegenüber und führen einen Dialog miteinander. Man beginnt, indem man sich zunächst auf den Stuhl des „Personalen Selbst" setzt. Man identifiziert sich mit der Persönlichkeit, die man auf dieser Erde ist, mit seinen Ängsten, Problemen usw. Aus dieser Identifikation stellt man Fragen an sein Transpersonales Selbst.*
>
> *Dann verlässt man diesen Stuhl und setzt sich auf den Stuhl gegenüber.*

Dies ist der Stuhl des „Transpersonalen Selbst". Man versucht jetzt, sich in dieses „Transpersonale Selbst" hineinzuversetzen, indem man in Kontakt mit dessen Charakteristiken kommt, den Menschen annimmt, wie er ist, das Beste für diesen anderen will, also wie ein wirklich guter Freund ist. In dieser Haltung „hört" man sich noch einmal die zuvor gestellten Fragen an. Man nimmt sich genügend Zeit, um diese Fragen intuitiv, also möglichst in einem Zustand von Nicht-Denken zu beantworten.

Dann setzt man sich wieder auf den anderen Stuhl, identifiziert sich wieder mit dem Menschen, der diese Fragen gestellt hat, und nimmt sich wieder genügend Zeit, um die Antworten noch einmal als Empfänger wahrzunehmen, zu „hören". Dann kann man darauf etwas entgegnen und neue Fragen stellen.

Das geht so weiter, bis man glaubt, alle wichtigen Fragen gestellt zu haben.

Möglicherweise wirkt das für Sie als etwas sehr Künstliches. Nahezu alle Teilnehmer, die diese Übung bisher gemacht haben, sind jedoch erstaunt, was die bewusste Identifikation mit den zwei inneren Selbst bewirkt. Die meisten erhielten hilfreiche Antworten auf ihre Fragen. – Ähnliches geschieht im Übrigen auch bei den vielen geführten Visualisierungen, die Ihnen vielleicht auch bekannt sind, etwa bei der Begegnung mit einem weisen Wesen, dem man auf einem Berg begegnet und dem man solche Fragen stellen kann.

Der große Erfolg der Bücher von Neale Donald Walsch „Gespräche mit Gott" beruht im Grunde auf dem gleichen Prozess. Er hat die beiden Bewusstseinsebenen in einer Lebenskrise offensichtlich sehr intensiv wahrnehmen können. Er sagt, dass jeder Mensch diese Gespräche führen kann. Wesentlich ist, dass man sich genügend Zeit nimmt, um mit der Stille in sich in Kontakt zu kommen. Dann können intuitive Botschaften „einfallen", neue Einsichten sich einstellen. Wenn man die Übung samt Stuhlwechsel eine Weile praktiziert hat, kann man den inneren Dialog jederzeit auch ohne die Hilfe der beiden Stühle durchführen. Sie sind nur eine Hilfe.

Die Botschaften können auch ganz plötzlich „einfallen". Es können Sätze sein, die mit einer Aufforderung verbunden sind, oder sie enthalten nur eine einfache Mitteilung. Ich habe solche Mitteilungen häufig mit Texten aus Kirchenliedern erhalten, die mich völlig überrascht haben. Für Botschaften muss man wirklich offen sein. Da kann plötzlich eine Antwort auf eine Frage kommen, die einen schon seit längerer Zeit beschäftigt. Und plötzlich hat man Klarheit. Ich kann mir vorstellen, dass Sie das auch schon so erlebt haben.

Die Stimme des Transpersonalen SELBST ist sehr leise. Es muss sehr still in Ihnen sein, damit Sie sie hören können. Die Stimme des im ersten Teil beschriebenen Eltern-Ichs, des Kritikers in Ihnen ist wesentlich lauter. So hören Sie diese Stimme ständig. In der gleichen Weise, wie Sie die Stimme des kritischen Eltern-Ichs hören, können Sie auch die Stimme Ihres SELBST hören, wenn es still in Ihnen wird. Sie ist eins mit der Stimme der Intuition, Kreativität und des guten Freundes in Ihnen.

Auch wenn Sie Gott nicht mehr als Gegenüber begreifen, ist es weiterhin möglich für andere Menschen, ihre Gesundheit und ihr Wohlergehen zu beten. Auch ohne einen Gott als Gegenüber in unserer Vorstellung, denn nur dort existiert er, können wir aus einer inneren Haltung von Liebe um etwas bitten. Für mich ist es das Universum, an das ich meine Bitte wende, das durch mich wirkt, dessen Kräfte durch mich hindurchfließen.

Ihr Standort

Versuchen Sie zu beschreiben, wo Sie sich auf dem Weg zur Spiritualität befinden. Haben Sie die Fragen zu Beginn dieses Kapitels für sich beantworten können? Schauen Sie zurück in Ihre Vergangenheit und erinnern Sie sich an Erlebnisse und Erfahrungen, die Sie jetzt noch deutlicher als das erkennen, was sie in der Tiefe sind, Transpersonale Erfahrungen. Die Erfahrung von Eins-Sein, tiefer Verbundenheit und Liebe, Freiheit von Raum und Zeit, einfachem Sein.

Fragen Sie sich auch, inwieweit Sie bereit sind, diesen Weg ernsthaft zu gehen und in Ihrem Leben das, was nötig ist, zu verändern. Machen Sie sich bewusst, dass es einen reifen Erwachsenen bedarf, um diesen Weg zu gehen, einen, der die Bedürftigkeit des Kindes überwunden hat und die Verantwortung für sein Leben selbst übernimmt. In der Realität verlaufen diese Entwicklungen zum erwachsenen und spirituellen Menschen häufig parallel. Voraussetzung ist, achtsam und bewusst zu leben, damit Sie immer möglichst rasch erkennen, wenn Sie mit Ihrem Inneren Kind identifiziert sind.

Das Kapitel „Praxis des Weges“ wird Ihnen aufzeigen, welche Hindernisse auf dem Weg begegnen können und welche Fähigkeiten und Potentiale Sie entwickeln oder entfalten müssen, um sie zu überwinden.

Vom Es zum Du

Dieses Segment des Weges gehört zum spirituellen Weg, der aus dem Ego-Bewusstsein in ein Bewusstsein von Verbundenheit führt. – Wer Martin Buber kennt, weiß, dass insbesondere der Unterschied zwischen ES und Du der Mittelpunkt seiner

Philosophie war. Man weiß dann, was mit „Vom Es zum Du" gemeint ist. Für die anderen wird gleich die Frage nach dem Sinn dieser Formulierung kommen. Martin Buber schien es ein großes Anliegen gewesen zu sein, den Unterschied in der Beziehung zu einem anderen Menschen zu vermitteln.

In der ES-Beziehung zu einem anderen Menschen ist dieser ein Objekt, dem man begegnet. Man benutzt ihn für seine Ziele und Zwecke aus einer rein egozentrischen Grundhaltung heraus wie ein Objekt. Man steht ihm distanziert gegenüber, ohne sich mit ihm verbunden zu fühlen.

Ganz anders ist die Ich-Du-Beziehung. Buber sagt dazu: „In eine Ich-Du-Beziehung geht der Mensch mit seinem ganzen Wesen, was zu einer echten Begegnung mit dem anderen führt." Für ihn ist die Begegnung mit dem anderen Menschen, oder auch mit seiner Umwelt, der man auch in einer Ich-Du-Beziehung begegnen kann, ein Abglanz des Menschen in der Begegnung mit Gott.

Wenn der Begriff Liebe nicht so oft missbraucht würde, könnte man die Begegnung mit dem Du immer auch mit Liebe, Nächstenliebe ausdrücken. Liebe bedeutet hier, eine tiefe Verbundenheit mit dem anderen zu empfinden. Auch in der Begegnung mit der Natur und mit Tieren ist das möglich. Das ist es, was wir als Liebe zur Natur verstehen. Nur in dieser Verbundenheit ist auch die Erfahrung von Schönheit möglich, die häufig als unbeschreiblich empfunden wird.

Im Ego-Bewusstsein sind das Umfeld, die Natur, die Kreatur und die anderen Menschen etwas, das man für seine Ziele und Zwecke nutzen kann und es auch tut. Der Hirnforscher Gerald Hüther spricht von einer Einstellung, die nicht nur die Natur und Tiere, etwa als Nahrungsmittel, sondern auch die Menschen als Ressourcen betrachtet und benutzt. Das kommt im Konzept des ES bei Martin Buber zum Ausdruck. Alles wird zum Objekt, nicht selten wird auch in Beziehungen der Partner für das eigene Wohlergehen benutzt und somit als ES betrachtet. Da so kein wirkliches Interesse am Wohlergehen des anderen besteht, fragt man sich nur, wie man den anderen für seine Zwecke nutzen, benutzen kann. In Bezug auf das verletzte Innere Kind heißt das auch, dass der Partner einem das geben soll, was man in der Kindheit nicht erhalten hat. Der Wechsel vom ES zum Du, könnte somit vielleicht auch als ein Merkmal reifer, erwachsener Beziehungen bezeichnet werden.

Das ist im Grunde das, was auch für die kollektive Ebene der Welt gilt. Bleibt der Mensch in der ES-Perspektive, benutzt er sie und treibt sie und sich selbst in den Abgrund. In der Aufforderung „Macht euch die Erde untertan“ spiegelt sich die Arroganz der Einstellung, dass der Mensch als Wesen über allem stehe und alles für ihn geschaffen wurde. Ohne dieses arrogante Konzept gäbe es weder Umweltprobleme noch eine Industrie, die Tiere zu Produkten menschlichen Konsums degradiert wie in der Massentierhaltung. Es hätte auch nie Sklaven gegeben, doch selbst heute führen Menschen in Abhängigkeit ein sklavenhaftes Leben.

Ihr Standort

Versuchen Sie zu erkunden, wie Sie anderen Menschen begegnen. Haben Sie Beziehungen, in denen Sie dem anderen als einem ES, einem Objekt begegnen?

In welchen Beziehungen begegnen Sie dem anderen als ein DU, mit Wohlwollen, einer Grundhaltung von Akzeptanz und Wertschätzung?

Wählen Sie bestimmte Menschen in Ihrem Umfeld, in Ihren Beziehungen hierfür aus und stellen Sie sich die Frage erneut.

Möchten Sie etwas in diesen Beziehungen verändern? Falls ja, was wäre dazu nötig, was können Sie selbst tun?

Machen Sie sich Notizen zu Ihren Überlegungen.

Vom „Ja, aber“ zum „Warum nicht?“

Das „Ja, aber“ ist im Grunde in den meisten Fällen ein Nein. Man tut nur so, als ob man zustimmt. Es wird meistens auch als eine Höflichkeitsfloskel gebraucht, um das direkte Nein zu vermeiden. Ein guter Verkäufer wendet diese Technik in seinen Verkaufsgesprächen an, eben weil er aus guten Gründen seinem Kunden nicht widersprechen will.

„Ja, aber“-Menschen lehnen meist alles Neue und Nicht-Vertraute ab. Sie nennen viele Gründe, warum etwas nicht geht, warum sie das nicht können und weshalb es keine Aussichten auf Erfolg gibt. Dahinter existieren Ängste, vor allem die vor dem Unbekannten, dem noch nicht Vertrauten. „Das haben wir schon immer so gemacht“, sagen die Mitarbeiter einem neuen Chef, der etwas in Frage stellt. Es heißt: „Damit sind wir vertraut und auf etwas Neues wollen wir uns erst gar nicht einlassen, denn das kostet Mühen und könnte ja auch daneben gehen.“ Häufig ist mangelndes Selbstvertrauen der Grund für ablehnendes Verhalten gegenüber Vorschlägen und neuen Ideen.

Der „Warum nicht?“-Formulierung liegt eine entgegengesetzte Haltung zugrunde. An die Stelle der Angst rückt der Mut, etwas Neues zu versuchen. Man hat ein gesundes Selbstvertrauen und riskiert auch, Fehler zu machen. „Wer nichts tut, macht auch keine Fehler“, heißt es so schön. Wer immer nur das tut, was er kennt und was ihm vertraut ist, geht nicht das Risiko ein, Fehler zu machen, seine Entwicklung stagniert. Er verharrt im Alten und Bekannten.

Das „Warum nicht?“ öffnet Türen, bietet neue Chancen für Erfahrungen und Erlebnisse. Man lernt dazu und verändert sich gleichzeitig, weil auch der innere Horizont des Bewusstseins sich erweitert. Man sagt Ja zu seiner persönlichen und menschlichen Entwicklung. Die Frage kann natürlich auch bewirken, dass es tatsächlich ernst zu nehmende

Gründe gibt, etwas nicht zu tun. Wichtig ist, dass man die Frage sachlich und bewusst beantwortet, ohne sich durch Ängste zu blockieren.

Ihr Standort

Bei welcher Grundhaltung ordnen Sie sich ein? Versuchen Sie es einmal in Prozent auszudrücken.

In welchen Bereichen fällt Ihnen das „Ja" schwer? Wo neigen Sie dazu, die „Ja, aber"-Strategie zu verwenden?

Machen Sie sich die Auswirkungen bewusst, die eine „Warum nicht?"-Einstellung in Ihr Leben bringt. Was könnte dann in Ihrem Leben anders sein? Finden Sie Beispiele, bei denen Sie in der „Ja, aber"-Haltung verweilen. Machen Sie sich bewusst, was es bedeuten würde, wenn Sie hier die „Warum nicht?"-Haltung einnehmen könnten.

Welche Risiken sind damit verbunden? Sind Sie bereit, auch Misserfolge durch Ihre Bereitschaft etwas Neues, Nichtvertrautes auszuprobieren, anzunehmen? Können Sie sich vorstellen, unabhängig von Erfolg oder Misserfolg immer das Positive in den Vordergrund zu stellen, nämlich, dass Sie etwas gelernt haben?

Warum nicht in Zukunft anstatt „Ja, aber" häufiger „Warum nicht" sagen?

Vom Anhaften zum Loslassen

Durch das Anhaften an Glaubensmuster, vertraute Gewohnheiten und so viele andere Dinge wie auch Menschen, mit denen man vertraut ist, ist es eine große Herausforderung auf diesem Weg, zu akzeptieren, was ist, Altes loszulassen und sich Neuem zu öffnen. Es ist eine Evolution, die bei jedem Menschen im

Laufe des Lebens stattfindet, ob einem das gefällt oder nicht. Erst wenn man Altes loslassen kann, zeigen sich neue Möglichkeiten. Manches kann durchaus weiter im Leben existieren, aber man braucht es nicht mehr, man hat keine Angst mehr davor, es zu verlieren und ohne es zu leben.

Eine Beziehung zwischen zwei Erwachsenen kann sich nur schwer entwickeln, wenn sie mit Verlustangst verbunden ist. Verlustangst macht abhängig und hemmt, weil man nicht den Mut hat, sich, wenn erforderlich, abzugrenzen und nein zu sagen, weil man etwa fürchtet, die Zuneigung des anderen zu verlieren. Die Folge ist eine Fremdbestimmung, weil man nicht das tut, was den eigenen Bedürfnissen und Wünschen entspricht. Wenn eine Beziehung zu Ende geht, sei es durch den Tod des Partners, oder weil die Grundlagen einer guten Beziehung nicht mehr vorhanden sind, dann ist das mit Traurigkeit und Trauer verbunden. Das ist auch in Ordnung. Wenn man darauf vorbereitet ist, fällt man jedoch nicht in das bekannte tiefe Loch, sondern kann sich nach einer gewissen Zeit wieder aufraffen und sich auf die neue Lebenssituation einstellen.

Loslassen fällt schwer, wenn man mit etwas ganz besonders stark identifiziert ist, zum Beispiel mit einer Rolle. Da ist die Mutter, die ihre Kinder loslassen muss, weil sie erwachsen sind und jetzt die Verantwortung für ihr Leben selbst übernehmen. Wenn Frauen sich ganz dieser Mutter-Rolle gewidmet haben, sich nicht auch um andere wichtige Dinge in ihrem Leben gekümmert haben, ist das Loslassen der Kinder eine große Herausforderung. Wenn es nicht geschieht, werden die erwachsenen Kinder auch weiterhin wie unmündige Kinder behandelt, d.h. etwa gemaßregelt und kritisiert.

Ähnliches geschieht, wenn man die berufliche Rolle abgeben muss, wie zum Beispiel bei einer Pensionierung. Auch hier fällt das Loslassen schwer, wenn man mit der beruflichen Rolle stark identifiziert war. Dann kann sich eine Leere einstellen, die neu gefüllt werden muss. Inzwischen gibt es jedoch viele Angebote für Senioren, die es erleichtern, neue Interessen und Freuden im und am Leben zu finden.

Erfolgreiches Loslassen setzt voraus, dass man sich von jeder Art von Starrheit befreit, dass man flexibel und offen ist für Neues, noch nicht Vertrautes. Dazu braucht man wieder das schon beschriebene Grundvertrauen ins Leben, dass man versucht, in allem, was geschieht, einen tieferen Sinn zu erkennen.

Loslassen kann man gut in seiner Umgebung, etwa der Wohnung praktizieren, indem man sich von dem trennt, was einmal einen Wert hatte, diesen Wert aber jetzt verloren hat, nicht mehr notwendig ist, nicht mehr gebraucht wird. Das gilt auch für Kleider. Dieses Aufräumen im unmittelbaren Umfeld kann so auch auf das Bewusstsein wirken. Man trennt sich von Dingen, über die man sich immer noch Gedanken macht, die aber längst nicht nur vergangen, sondern auch sinnlos geworden sind.

Nicht-Loslassen-Können oder auch -Wollen ist ein besonderes Problem in unserer westlichen Gesellschaft und Kultur. Damit meine ich auch das Anhaften an Traditionen, was im Besonderen für die Wahrung von Glaubenswahrheiten und Dogmen in kirchlich organisierten Religionen gilt. Alte Glaubenswahrheiten dürfen nicht in Frage gestellt werden. Statt einer pragmatischen herrscht eine dogmatische Grundhaltung vor. Neue Erkenntnisse über die Welt, das Universum, in der Wissenschaft und auch über die Menschen werden ausgeschlossen. Das, was vor 2000 Jahren die Wahrheit war, muss auch heute noch richtig sein. Was würde es bedeuten, wenn hier der Mut vorhanden wäre, alte und inzwischen überholte sogenannte Glaubenswahrheiten loszulassen, um sich auf den neuen Erfahrungs- und Wissensstand im evolutionären Prozess einzustellen? Die Kirchen würden wieder an Glaubwürdigkeit gewinnen, die ihnen durch das Festhalten an alten Traditionen immer mehr verloren gegangen ist.

Irgendwann kommt für jeden die größte Herausforderung, die mit Loslassen verbunden ist, das Loslassen des eigenen Lebens auf dieser Erde. Sterben und Tod. Davor fürchtet man sich. Man versucht, die Tatsache der Vergänglichkeit zu verdrängen, möglichst gar nicht darüber zu sprechen, sie zu einem Tabu zu machen. In unserer Kultur ist der Tod immer mit etwas Schrecklichem verbunden.

Man kann mit der Tatsache der eigenen Vergänglichkeit nicht leben. Man tut so, als ob man ewig leben würde. Und selbst wenn jemand in hohem Alter stirbt, ist man schockiert und „bestürzt" darüber, dass ein Mensch gestorben ist. Das ist merkwürdigerweise besonders in unserer christlichen Kultur der Fall, obwohl man Ostern und die damit verbundene Botschaft der Auferstehung von den Toten feiert.

Natürlich ist jedes Abschiednehmen von einem Menschen, gleich wie alt er ist, mit Trauer und Schmerz verbunden. Das war auch beim Tod des großen Afrikaners Nelson Mandela der Fall. Die Afrikaner aber haben das Abschiednehmen nicht in schwarzen Kleidern und trauriger Miene vollzogen, sondern sie haben getanzt und gesungen, als ob es etwas zu feiern gäbe. Sie feierten den großen Menschen in Freude und Dankbarkeit, dass er gelebt hat.

Vor kurzem las ich in meiner Tageszeitung eine Todesanzeige, die den Tod als etwas Freundliches beschreibt:

Der Tod kann auch freundlich kommen zu Menschen,
deren Hand nicht mehr festhalten will,
deren Augen müde werden, deren Stimme nur noch sagt:
Es ist genug,
das Leben war schön.

Buddha erkannte, dass Leiden in erster Linie durch Anhaften und Nicht-Loslassen entsteht. Die Ursache vieler Leiden besteht in der Angst davor, dass etwas zu Ende geht. Ob es

Menschen sind, Werte, die man sich geschaffen hat oder das eigene Leben. Wenn Gedanken an solche Möglichkeiten sich einstellen, denkt man rasch an etwas anderes und verdrängt es.

Hermann Hesse beschreibt das Sterben als eine Verwandlung eines Menschen in seinem Roman „Glasperlenspiel". Dort wird erzählt, wie der Alt-Musikmeister, die Romanfigur Josef Knecht, den Tod erfährt:

„Der ehrwürdige Alte verharrte in einem Zustande heiterer Sammlung bis zuletzt. Er war nicht krank, und sein Tod war nicht eigentlich ein Sterben, es war eine fortschreitende Entstofflichung, ein Schwinden der leiblichen Substanz und der leiblichen Funktionen, während das Leben sich immer ausschließlicher im Blick der Augen und dem leisen Strahlen des einsinkenden Greisengesichtes sammelte … Nur wenigen war eine Teilnahme an diesem Abendglanz und Aufleuchten eines selbstlosen Lebens vergönnt. Diesen wenigen gelang der Eintritt in diesen sanften Glanz des Entwerdens, das Mitfühlen der wortlos gewordenen Vollendung, wie im Bereiche unsichtbarer Strahlen weilten sie beglückende Augenblicke in der kristallenen Sphäre dieser Seele, unirdischer Musik teilhaftig, und kehrten dann mit geklärten und gestärkten Herzen in ihren Tag zurück wie von einem hohen Berggipfel … Am Grabe sprach Knecht nicht von dem erleuchteten Weisen der Musik, nicht von dem großen Lehrer, er sprach nur von der Gnade seines Alters und Todes, von der unsterblichen Schönheit des Geistes."

Wenn auch mit anderen Worten, aber nicht weniger beeindruckend, haben mir Menschen von ihren Erfahrungen bei der Sterbebegleitung berichtet.

Wer sich von der Angst vor dem Ende dessen, mit dem er identifiziert ist, befreien möchte, kann dieses Sterben bereits vor dem eigentlichen Tod üben. In der tiefen Versenkung bei der Meditation kann man das reine Sein erfahren, das ohne Zeit ist, in dem es weder Geburt noch Tod gibt. Macht man diese Erfahrung häufiger, verliert man immer mehr die Angst vor dem vermeintlichen Ende seiner Existenz. Man erkennt, dass es „nur“ das Ende einer Form ist, die zur Substanz zurückkehrt. Es ist die Welle, die wieder zum Ozean wird. Die Welle war aber auch in ihrer Form bereits Ozean.

Ihr Standort

Was fällt Ihnen besonders schwer loszulassen? Menschen? Rollen, mit denen Sie stark identifiziert sind und die nicht mehr „gespielt“ werden müssen? Sich von Dingen in Ihrem Umfeld zu trennen?

Oder gilt das für Ihre Vergangenheit generell? Leben Sie immer noch mehr in der Vergangenheit, als sich an der Gegenwart zu erfreuen, sie wahrzunehmen?

Welche Einstellung haben Sie zur Vergänglichkeit? Sind sie bereit, auch Ihr Leben auf dieser Erde einmal loszulassen? Welche Ängste sind noch mit dem Ende Ihres Daseins auf dieser Erde verbunden?

Machen Sie sich Notizen darüber, was Ihnen schwer fällt loszulassen. Fragen Sie sich auch, was es für Sie bedeuten würde, wenn Ihnen Loslassen besser gelingen könnte.

2. Praxis des Weges

Zu erkennen und einzusehen, dass man in seinem Leben etwas ändern möchte, fällt den meisten Menschen nicht schwer. Die eigentliche Schwierigkeit liegt in der Umsetzung der Vorsätze. Gute Vorsätze halten nicht lange, weil man nach einer Weile wieder in der alten, vertrauten, überwiegend unbewussten Lebensweise ankommt, in der man vergisst, was man sich vorgenommen hatte. Zu Beginn ist es daher sinnvoll, sich über die Hindernisse und Schwierigkeiten bei der Umsetzung seiner Vorsätze klar zu werden. Hat man sie erkannt, hilft das, sie zu überwinden.

Aus meiner Erfahrung sind es im Wesentlichen folgende Hindernisse, die einem die Umsetzung dessen erschweren, was man sich vorgenommen hatte:

1. Trägheit – Mangel an Willen
2. Macht des Unbewussten – Mangel an Klarheit
3. Ego-Bewusstsein – Mangel an Verbundenheit, Liebe
4. Abhängigkeit – Mangel an Freiheit

1. Die Trägheit

Der Mangel an Willen ist überwiegend ein Mangel an Energie, die für die Umsetzung der Vorsätze notwendig ist. Man vergeudet sie häufig für Dinge, die unwesentlich sind und/oder sorgt nicht dafür, sich immer wieder neu mit Energie zu versorgen. Um seine Vorhaben mit Entschlossenheit, Ausdauer, Beharrlichkeit und Disziplin angehen zu können, muss ein starker Wille vorhanden sein.

2. Die Macht des Unbewussten

Konditionierungen, automatisierte Verhaltensmuster und vermeintliche Glaubenswahrheiten, bestimmen überwiegend das Denken und Handeln. Sie stehen in Beziehung zu den zahlreichen Identifikationen mit dem, was man meint zu sein, den falschen Bildern, die man von sich verinnerlicht hat. Sie wirken im Zustand des Unbewussten, der Nicht-Bewusstheit. Die unbewusst wirkenden Programme können nur durch Bewusstheit und Achtsamkeit erkannt und ausgeschaltet werden. Das führt dann zu einer Klarheit, die im unbewussten Zustand nicht existiert. Auch diese Bewusstheit erfordert wieder Energie, d.h. Willenskraft.

3. Ego-Bewusstsein

Das Ego braucht Identifikationen, um existieren zu können. Identifikationen verursachen das Bewusstsein der Trennung: Ich bin dies und du bist das. Im Bewusstsein des reinen Seins, der Leere, gibt es nichts mehr, das überleben will. Das ist der Tod des Überlebenstriebes, der das Ego schafft. In der Erfahrung von Verbundenheit und Liebe, werden die Grenzen, die das Ego schaffen, überschritten.

4. Abhängigkeit

Der erste Teil dieses Buches beschreibt den Weg von der Bedürftigkeit im Erwachsenen, die zur Abhängigkeit von anderen Menschen führt, zu einem unabhängigen, reifen Erwachsenen, der die Verantwortung für sein Leben selbst übernehmen kann.

Die in der Kindheit nicht erfüllten Bedürfnisse, die andere jetzt nachträglich erfüllen sollen, führen in die Abhängigkeit. Der Mensch sehnt sich nach Verbundenheit und Liebe. Es existiert aber vor allem ein Mangel an Verbundenheit mit sich selbst. Er kann sich selbst das nicht geben, was er braucht.

Überwindung von Trägheit

Wille und Wollen

**Deine Zukunft ist wozu Du sie machen willst. –
Zukunft heißt Wollen!**

Dieses Zitat des Dalai Lama unterstreicht, dass man seinen Lebensweg mit dem Willen beeinflussen und damit auch Verantwortung für sich übernehmen kann.

Um Einfluss auf Ihre Zukunft zu nehmen, müssen Sie zunächst wissen, was Sie wollen und auch, was Sie nicht wollen. Daraus ergeben sich Vorstellungen davon, was Sie verändern möchten. Bei der Standortbestimmung haben sich bei den einzelnen Segmenten im jeweiligen Kapitel möglicherweise einige Veränderungswünsche nach vorne gedrängt. Verzweifeln Sie nicht, wenn Ihnen bewusst wurde, dass es viele sind. Fragen Sie sich, welche Veränderung sich besonders positiv auf Ihre Lebensfreude, auf die Beziehung zu Ihnen selbst und zu anderen Menschen auswirken würde. Die Vorstellung wird Ihre Motivation und damit Ihr Durchsetzungsvermögen steigern.

Weitere Qualitäten, die Sie für die Umsetzung Ihrer Vorsätze benötigen, sind:

**Zielstrebigkeit – Entschlossenheit –
Ausdauer und Disziplin**

Dazu brauchen Sie Energie. Fehlt die Ihnen, verschwenden Sie sie für unbedeutende Dinge. Wie bei jeder Form von Energie, müssen Sie bewusst damit haushalten und sie für das einsetzen, was Ihnen wirklich wichtig ist. Erforschen Sie auch, wie und wodurch Sie neue Energie schöpfen können.

Eine wichtige Grundlage für ausreichend Energie ist die Art und Weise, wie Sie leben.

Die Webseite von Alliance Healthcare *(www.gesundheit.de)* etwa gibt Tipps für ein gesundes langes Leben. Hier einige davon, die einen besonders positiven Einfluss auf Ihren Energiehaushalt haben:

1. **Richtige Ernährung**
2. **Genug und regelmäßig schlafen**
3. **Regelmäßige Bewegung mit viel Frischluft und Licht**
4. **Maßvoller Alkoholgenuss**
5. **Gute Beziehungen**
6. **Entspannung und Ausgleich**
7. **Positive Einstellung zum Leben**

Aus meiner Erfahrung hat besonders der zweite Punkt, ausreichend Schlaf, einen starken Einfluss auf die Energie, die Ihnen tagsüber zur Verfügung steht. Wenn man nicht ausreichend oder schlecht geschlafen hat, ist man nicht wirklich wach. Es fällt schwer, aufmerksam und konzentriert zu sein. Auch der letzte Punkt, eine positive Einstellung zum Leben, unterstützt die Bereitwilligkeit, etwas in Ihrem Leben zu verändern und dafür auch die nötigen Kraftreserven verfügbar zu haben. Wenn man sich ständig über irgendetwas Sorgen macht, Angst vor der Zukunft hat, dann geht viel Energie verloren, die dann für wichtige Vorhaben fehlt.

Mit ausreichend Energie fällt es leichter, bewusst da zu sein und selbst gesteckte Ziele zu erreichen. Eine Struktur für den Tagesablauf zu schaffen und ihn diszipliniert einzuhalten, führt meist zu Erfolgserlebnissen, die wiederum motivierend wirken und damit neue Energie verfügbar machen.

Ein gutes Bild vom Grad Ihrer Konzentrationsfähigkeit,

die Ausdruck Ihrer verfügbaren Energie sein kann, erhalten Sie, indem Sie anderen Menschen zuhören. Wie leicht oder wie schwer fällt es Ihnen, wirklich achtsam zuzuhören, ohne dass Ihre Gedanken abschweifen?

Das Zuhören kann Ihnen natürlich auch schwer fallen, weil Sie an dem, was der andere sagt, wenig oder kein Interesse haben, oder weil Sie ein anderes Problem im Kopf haben, das Sie lösen möchten und dass Sie beschäftigt. Das sollten Sie bei der Bewertung Ihrer Fähigkeit, achtsam zuzuhören, berücksichtigen.

Um sich immer wieder neu zu motivieren, machen Sie sich bewusst, was sich in Ihrem Leben verändern würde, sobald es Ihnen gelänge, das, was Sie sich vorgenommen haben, umzusetzen, es in Ihr Leben zu integrieren? Wie ginge es Ihnen? Welche Probleme, die Sie gegenwärtig noch haben, wären gelöst?

Je mehr Sie die Vorteile für Ihr Glück und für Ihre Zufriedenheit im Leben erkennen, die sich aus der Umsetzung Ihrer Vorstellungen ergeben, desto mehr Energie entwickelt sich dann auch für Ihre Willenskraft. Machen Sie sich die Vorteile daher immer wieder bewusst, Tag für Tag, vor allem dann, wenn sich Unlust und Trägheit einstellen. Es ist die Regelmäßigkeit dessen, was Sie tun, die zum Ziel führt und etwas verändert. Die Regelmäßigkeit bewirkt mit der Zeit eine Konditionierung, die jetzt aber eine positive Wirkung hat, weil Sie das, was da konditioniert wird, nun auch wirklich wollen!

Nehmen Sie sich bei alldem nicht zu viel vor. Die Gefahr, dass man seine Vorhaben rasch wieder aufgibt, wird größer, wenn man das, was man tun und erreichen möchte, nicht schafft. Frustration senkt den Energielevel.

Überwindung von Unbewusstheit

Bewusstheit und Achtsamkeit

Bewusster leben führt zum bewussten Erleben. Im ICH zu sein, das mit nichts identifiziert ist, das wahrnimmt und eine Wahl hat, die Kraft der Gegenwart im JETZT zu erleben, wie Eckhart Tolle es beschreibt. Achtsam zu sein, zu agieren anstatt zu reagieren, einfach im Leben, im gegenwärtigen Moment anwesend zu sein, das ist es, was es bedeutet, bewusst zu leben, in Kontakt mit dem Wahren Selbst zu sein.

Sie üben das zum Beispiel mit diesen Fragen:

Was geht jetzt gerade in mir vor? Welche Gefühle sind gerade da? Was sind meine Körper-Empfindungen? Womit beschäftigen sich meine Gedanken?

Um in der Gegenwart anzukommen, müssen Sie lernen, immer wieder innezuhalten und Ihre Gedanken zu beobachten. Mehr darüber wurde bereits im Segment „Vom Reagieren zum Agieren" beschrieben. Dieses Segment ist eines der besten Übungsfelder, um Bewusstheit und Achtsamkeit zu praktizieren.

Fragen Sie sich, wenn Sie etwas zu entscheiden haben: Was ist es, was ich wirklich will? Sie kommen durch die Frage in Kontakt mit Ihren eigenen Bedürfnissen und vermeiden es, unreflektiert die Bedürfnisse und Erwartungen anderer zu erfüllen.

Stellen Sie sich diese Frage besonders bei wichtigen Entscheidungen, solche, die Auswirkungen auf Ihr Leben haben. Je wichtiger die Entscheidungen sind, desto mehr Zeit kann erforderlich sein.

Durch das Innehalten und die Fragen kommen Sie wieder in Kontakt mit Ihrer Intuition. Meinen Sie, eine Antwort zu haben, dann nehmen Sie Ihre Körper-Empfindungen und Gefühle wahr. Wie geht es Ihnen dabei? Wenn Sie sich wohl fühlen und es stimmig für Sie zu sein scheint, dann ist diese

Antwort in den meisten Fällen auch die richtige. Wenn Sie sich nicht wohlfühlen, dann lassen Sie sich noch ein wenig Zeit, die dann auch erforderlich ist, um mehr Klarheit beim Treffen Ihrer Entscheidung zu haben, besonders was die Konsequenzen Ihrer Entscheidung betrifft. Es kann jedoch auch sein, dass Sie sich nicht wohlfühlen, weil Sie Angst haben, andere durch Ihre Entscheidung zu enttäuschen. Wenn Sie diese Angst erkennen, kann Ihnen wiederum bewusst werden, wie schwer es Ihnen fällt, Ihre eigenen Bedürfnisse zu erfüllen, wie leicht dagegen die der anderen.

Wie bereits betont, wird das Innehalten mit der Zeit konditioniert. Das Gehirn speichert diese Haltung ab und es bedarf keiner großen Mühe mehr, sich in diesen Zustand des Wahrnehmens, was ist, hineinzufinden. Sie leben dann bewusst und wissen, was Sie tun. Sie werden immer weniger im Nachhinein erkennen müssen, dass Sie eine falsche Entscheidung getroffen, oder sich falsch verhalten haben, wie das beim unbewussten Reagieren auf Fragen oder Verhaltensweisen anderer häufig der Fall ist.

Der Prozess, Bewusstheit zu üben, ist eine Art Bewusstseinstraining. Sie kehren immer wieder in die Haltung des Innehaltens zurück, wie Sie es auch bei der Meditation gelernt haben. Ziel ist, wach zu bleiben, zu erkennen, wenn man wieder in den Halbschlaf fällt und das Kommando an den Autopiloten abgibt. Achtsamkeit zu üben, bewusst zu sprechen und zuzuhören sind Elemente eines Trainings, das Ihnen jedes Gespräch bietet. Gleichzeitig trainieren Sie Ihre Sensibilität, indem Sie sich Ihre Gefühle, Empfindungen und Gedanken bewusst machen. Sie werden sensibler im Hinblick auf die möglichen Reaktionen Ihres Gesprächspartners und den Verletzungsgefahren, die bestehen, je nachdem was Sie und auch wie Sie etwas sagen. Schauen Sie sich dazu auch noch einmal das Segment „Vom Reagieren zum Agieren“ an.

Ein weiteres Element dieses Trainings ist, dass Sie sich Ihre Glaubensmuster bewusst machen. Was sind Ihre „Wahrheiten", die in Wirklichkeit keine sind?

Dabei hilft Ihnen die Frage:

Welche Glaubensmuster beeinflussen mein Leben?

In Ihrem Unbewussten sind zahlreiche Glaubensmuster gespeichert, die Ihre Einstellung zum Leben beeinflussen. Sie können eine hypnotische Wirkung haben, weil sie Ihnen eine falsche Wirklichkeit vortäuschen. Dazu gehören die Bilder, die Sie aufgrund der Botschaften Ihres Umfeldes in der Kindheit selbst von sich haben. Aber auch vermeintlich weise Glaubenssätze gehören dazu, wie „Jeder ist sich selbst der Nächste", „Das Leben ist ein ständiger Kampf", „Leben ist Leiden".

Im ersten Kapitel hatte ich das Glaubensmuster: „Ich bin von anderen Menschen abhängig, damit es mir gut geht" als Beispiel genommen.

Byron Katie, eine US-amerikanische Lehrerin, hat eine Methode entwickelt, die als „The Work" weltweit bekannt wurde, mit der sie die zahlreichen verinnerlichten Glaubensmuster mit dem Ziel hinterfragt, Überzeugungen zu verändern.

Anhand von vier Standardfragen wird vor allem der Wahrheitsgehalt von Glaubensmustern überprüft. Bei den vier Standardfragen geht es im Kern darum, inwieweit die eigene Überzeugung ungünstige Auswirkungen auf das persönliche Erleben hat und wie es ohne die hinderliche Vorstellung wäre.

Die vier Standardfragen lauten:

1. ***Ist das wahr?***
2. ***Kannst du mit absoluter Sicherheit wissen, dass das wahr ist?***
3. ***Wie reagierst du (was passiert in dir), wenn du diesen Gedanken glaubst?***
4. ***Wer wärst du ohne den Gedanken?***

Byron Katie selber unterstützt die dritte Frage oft durch weiteres Nachfragen wie etwa: Beschreibe die körperlichen Empfindungen, die auftauchen, wenn du diesen Gedanken hast.

Man kann die Fragen in vielen Fällen auf zwei Fragen reduzieren.

1. ***Wer sagt mir, woher weiß ich, dass das wahr ist?***
2. ***Was würde es für mich in meinem Leben bedeuten, wenn das nicht wahr ist?***

Dazu als Beispiel das weit verbreitete Glaubensmuster:
Ich brauche andere Menschen, um glücklich zu sein.

Weshalb meine ich, dass das so ist? Wer hat mir das vermittelt? Was würde es bedeuten, wenn das Glaubensmuster nicht wahr ist, nicht stimmt?

Man könnte sich wieder bewusst machen, nur selbst für sein Glück verantwortlich zu sein und nicht unbedingt andere Menschen zu brauchen, um glücklich und zufrieden zu leben. Das heißt natürlich keineswegs, nicht mehr zu schätzen, wenn man etwas von anderen Menschen erhält, was zu noch größerem Glück und mehr Zufriedenheit im Leben beiträgt. Der Vorteil davon, das Glaubensmuster aufzulösen liegt darin, in einer Beziehung unabhängig zu werden und keine Verlustangst mehr zu haben, wie es bei einer starken Abhängigkeit der Fall ist. Am Ende ist eine bereits im ersten Teil des Buches genannte Affirmation ein Schlüssel zur Auflösung dieses Glaubensmusters:

Ich habe die Macht und die Kraft,
mich selbst glücklich zu machen.

Sie erwächst aus der Verantwortung, die der Innere Erwachsene für sein Inneres Kind und seine Bedürfnisse übernimmt.

Eng verknüpft mit diesem Glaubensmuster ist ein anderes Glaubensmuster, das so lautet:

Mir selbst etwas Gutes zu tun, ist Egoismus

Auch hier kann man sich die Fragen stellen: Wer sagt mir, dass das wahr ist?
Was würde es für mich bedeuten, wenn das nicht stimmt?

Man wird zu einem ähnlichen Ergebnis kommen, wie im zuvor beschriebenen Beispiel. Dabei ist zwischen Ich und Ego zu unterscheiden. Das Konzept, dass der Innere Erwachsene Verantwortung für sein Inneres Kind übernimmt, ist ein guter Weg, sich von einem Glaubenssatz zu lösen. Hilfreich ist vor allem aber auch die bereits häufig zitierte Aufforderung „Liebe deinen nächsten wie dich selbst!" Erst sich selbst annehmen, Mitgefühl für seine eigenen Nöte haben und sich auch selbst Gutes tun, sind die Voraussetzungen für wirkliche Nächstenliebe.

Auf diese Weise kann man alle Glaubensmuster und häufig damit verbundene Konditionierungen auflösen und ein neues Verhalten entwickeln. Voraussetzung dabei ist wiederum, im ICH zu sein und bewusst wählen zu können.

Erstellen Sie eine Liste mit den Glaubensmustern,
die Ihnen vertraut sind und die Ihnen sofort einfallen.
Erforschen Sie im Alltag weiterhin solche Glaubensmuster
und ergänzen Sie die Liste, sobald Sie neue entdecken.
Das ist ein effektiver Weg, um sich von Konditionierungen
und Dingen zu lösen, die Sie in Ihrem Leben belasten und
unzufrieden machen. Ihr Leben wird sich verändern.
Sie werden weniger Schwere und mehr Leichtigkeit spüren,
weil Sie sich von unnötigen Lasten befreien.

Überwindung des Ego-Bewusstseins

Spiritualität leben

Der spirituelle Weg führt aus dem Ego-Bewusstsein zum SELBST-Bewusstsein.

Das SELBST bedeutet das Bewusstsein unserer wahren Natur. Dieses SELBST-Bewusstsein zu entwickeln ist der Weg der Spiritualität. Es ist der Weg aus der Egozentrik zur Verbundenheit, zur Liebe. Es *ist* der Weg der LIEBE.

Alle zuvor beschriebenen Segmente des Weges „Vom – Zu" sind Schritte zu diesem SELBST-Bewusstsein. Auch hier geht es darum, Qualitäten eines reifen Erwachsenen zu leben, unabhängig zu sein und sich gleichzeitig verbunden zu fühlen.

So ist die zentrale Aufgabe dieses Weges, sich von allen unbewussten Identifikationen zu lösen. Mit der Überwindung der Identifikationen ‚stirbt' das Ego, weil es ohne sie nicht existieren kann. Zwar werden Sie sich weiterhin mit Dingen identifizieren, aber Ihnen ist bewusst, dass es nur Rollen auf der Bühne des Lebens sind. Im ICH- und SELBST-Bewusstsein wissen Sie, dass Sie diese Rollen nicht wirklich sind, so wie es der Schauspieler auf der Bühne weiß, wenn der Vorhang nach einem Theaterstück fällt.

Ohne unbewusste Identifikationen und falsche Identitäten erfahren Sie das Leben anders. Es wird zu einem Leben, das in jedem Augenblick liebenswert ist. Und aus diesem liebenswerten Leben wird dann ein lebenswertes Leben.

Es ist der Weg vom ES zum Du, wie Martin Buber es beschreibt. Es ist der Weg von der (nur) Nächstenliebe zu einer Liebe zu allen Lebewesen, wie Albert Schweizer es in seiner Vision „Ehrfurcht vor dem Leben" erfahren hat.

Überwindung von Abhängigkeit

Freiheit und Verbundenheit in Einklang bringen

Der Aufgabe, auf der einen Seite Verbundenheit zu spüren und auch aus ihr zu leben und auf der anderen trotzdem frei und unabhängig zu sein, haben sich auch Gerald Hüther und Maik Hosang gewidmet. Ihr Buch kann von zwei Seiten her gelesen werden: „Die Freiheit ist ein Kind der Liebe“ (Gerald Hüther) und „Die Liebe ist ein Kind der Freiheit“. (Marc Hosang)

Die Autoren kommen jeweils zum Ergebnis, dass Freiheit ohne Verbundenheit keine wirkliche Freiheit ist und dass Verbundenheit Freiheit voraussetzt.

Der Egoist fühlt sich zwar frei, das zu tun, was ihm nützt, jedoch lebt er aus einem falschen Verständnis von sich selbst, weil ihm die Verbundenheit fehlt. Der Abhängige braucht Verbundenheit, was ihn unfrei macht. Der Egoist sieht keinen Grund, Wünsche und Bedürfnisse anderer zu erfüllen, weil er sich mit nichts verbunden fühlt. Der Abhängige erfüllt überwiegend die Bedürfnisse anderer, weil er diese Verbundenheit braucht. Er kennt seine eigenen Bedürfnisse meist gar nicht.

Der Weg, Freiheit und Verbundenheit, Liebe zu sich selbst und Liebe zu anderen, in Einklang, und in Harmonie miteinander zu bringen, ist der Weg zum reifen Erwachsenen, wie im ersten Teil dieses Buches beschrieben. Im Mittelpunkt steht die Aufgabe, mit seinem Inneren Kind in Kontakt zu kommen, seine Bedürfnisse wahrzunehmen und sie sich als heute Erwachsener selbst zu erfüllen. Das führt zur Unabhängigkeit und damit auch zu einer inneren Freiheit. Lebt man aus einem gut entwickelten Willen, der den „Guten Willen“ als eine wichtige Dimension einbezieht, ist die Verbundenheit zu allem selbstverständlich (vgl. die Dimensionen des Willens bei Assagioli). Im Bewusstsein des ICH haben Sie immer wieder neu die Wahl, ob Sie den eigenen Bedürfnissen oder den Bedürfnissen anderer Priorität einräumen. Wenn die Erfüllung der eigenen Bedürfnisse und die Erfüllung der Bedürfnisse anderer ausgeglichen sind, haben Sie die Lebensaufgabe, „Freiheit und Verbundenheit in Einklang zu bringen“ erfüllt.

Ausklang

War es das nun, mit dem Weg zu einem Leben, das man lieben kann oder sogar muss, weil man es wirklich lebt? Eine Antwort darauf können eigentlich nur Menschen geben, die sich am Ende ihres Lebens bewusst werden, dass sie ihr Leben wirklich so gelebt haben, dass sie glücklich darüber sind. John Izzo hat solche Menschen befragt. Die Erkenntnisse hat er in einem Buch zusammengefasst. Es heißt:

Die fünf Geheimnisse, die Sie entdecken sollten,
bevor Sie sterben

Ich habe die Schreibweise so übernommen, wie sie im Titel des Buches erscheint. Izzo hat sich die Frage gestellt, ob es so etwas wie Kriterien für ein glückliches Leben gibt. Um dieser Frage auf den Grund zu gehen, verlässt er sich im Rahmen einer soziologischen Studie auf Menschen, die bereits aus einem reichen Erfahrungsschatz schöpfen können. Bei seiner Recherche wandte er sich zunächst an 15 000 Personen aus den verschiedensten Gegenden der USA und Kanadas mit der Bitte um entsprechende Empfehlungen. Er fragte sie: Wer sind die „weisen Alten" in Ihrem Leben? Wen kennen Sie, der oder die auf ein langes Leben zurückblickt und uns etwas Wichtiges über das Dasein lehren könnte? Aus tausend Vorschlägen filterte er 235 Namen heraus – eine heterogene Gruppe von Menschen, die von anderen als weise bezeichnet worden waren. Es waren Christen und Muslime, Männer und Frauen, außergewöhnlich erfolgreiche und ganz „normale" Menschen, von denen er die Essenz der Lebensweisheit gewann. Aus den unterhaltsamen und nachdenklich machenden Antworten kristallisierten sich Prinzipien heraus, die ihr Leben zum Erfolg gemacht hatten.

Basierend auf diesen Prinzipien, verrät der Autor die „fünf Geheimnisse“ für ein erfülltes Leben. Ich möchte Ihnen diese Prinzipien zum Abschluss dieses Buches mit auf den Weg geben und sie mit dem verknüpfen, was Sie hierzu in den einzelnen Kapiteln erfahren haben, um die Weisheit dieser Geheimnisse leben zu können. Die fünf Prinzipien nach Izzo lauten:

1. Sich selbst treu zu bleiben
2. So leben, dass man später nichts zu bereuen hat
3. Die Liebe in sich lebendig werden lassen
4. Im Augenblick leben
5. Mehr zu geben als zu nehmen

Eine der Voraussetzungen, um die Botschaften der ersten beiden Geheimnisse im eigenen Leben umzusetzen, ist, den Weg von der Fremdbestimmung zur Selbstbestimmung zu gehen, wie ihn dieses Buch gezeigt hat. Lebt man fremdbestimmt, erfüllt man überwiegend die Erwartungen und Wünsche anderer. Glück und Zufriedenheit im eigenen Leben hängen von anderen ab. Man kennt seine eigene Stimme nicht und kann ihr so auch nicht folgen. Überwindet man diese Abhängigkeit, kommt in Kontakt mit sich selbst, kennt man seine eigenen Bedürfnisse und Wünsche und erfüllt sie sich so weit wie möglich selbst. Man lebt selbstbestimmt, indem man seiner inneren Stimme folgt. Sie sagt Ihnen, was gut und stimmig für Ihr Glück und Ihre Zufriedenheit im Leben ist. Sie führt Sie besonders bei wichtigen Entscheidungen auf den richtigen Weg. Um mit Stresssituationen im Alltag wirkungsvoll umzugehen, ist der Zugang zu Ihrer inneren Stille wesentlich. Das Kapitel „Wege zum Selbst“ gab Ihnen dazu wichtige Anregungen. Auf die Fragen, wer Sie in Ihrem Kern wirklich sind und wie Sie aus diesem wahren Selbst leben können, erhielten Sie im 2. Teils des Buches ausführliche Antworten. Wenn Sie in

Einklang mit Ihrer inneren Stimme leben, werden Sie später „nichts zu bereuen" haben. So ist das zweite Geheimnis eng mit dem ersten, „sich selbst treu zu bleiben", verknüpft. Das Entwickeln von Selbstvertrautheit und Selbstbestimmung, der Kontakt mit seiner Intuition, Antworten auf die Frage „Wer bin ich?" und „Wozu bin ich hier?" sind die zu bearbeitenden Themen, die es Ihnen ermöglichen, die Prinzipien des ersten und zweiten Geheimnisses in Ihr Leben zu integrieren.

Das dritte Geheimnis lautet, „die Liebe in sich lebendig werden zu lassen" und der gesamte erste Teil dieses Buches hat damit zu tun. Aus dem Kontakt Ihres Inneren Erwachsenen zu Ihrem Inneren Kind können Sie eine liebevolle Beziehung entwickeln. Sie können jetzt für die Erfüllung der in Ihrer Kindheit nicht erfüllten Bedürfnisse selbst die Verantwortung übernehmen. Sie brauchen keine anderen Menschen mehr dazu. Diese Unabhängigkeit macht Sie frei zur wahren Liebe, weil sie jetzt ohne Erwartungen und Bedingungen gelebt werden kann. Eine neue Sichtweise Ihres Willens, der nicht nur von Kraft und Klugheit, sondern auch von Liebe und Mitgefühl bestimmt ist und als „Der gute Wille" (Assagioli) definiert wurde , schafft eine Grundhaltung von Verbundenheit zu Ihnen selbst und zu Ihrer Umwelt (Menschen, Kreatur und Natur). In dieser Verbundenheit stirbt das Ego, das Falsche Selbst. Voraussetzung hierfür ist der Weg zur wahren Spiritualität, der Ihnen in diesem Buch in verschiedenen Kapiteln aufgezeigt wurde. Es ist der Weg zum Wahren Selbst. Die Entwicklung vom Kind-Erwachsenen zum reifen Erwachsenen, die gute Beziehung zum Inneren Kind, das heißt zu sich selbst herzustellen, falsche Identitäten zu erkennen und sich davon zu befreien, Liebesfähigkeit und „gut entwickelten Willen" zu erlangen, sind die Themen, die Sie zur Erfüllung des dritten Geheimnisses angehen können.

Der Weg zum vierten Geheimnis führt über ein bewusstes Leben, wie ich es vielfach in einzelnen Kapiteln beschrieben habe. Es geht um ein Leben im Augenblick. Ein Leben aus dem ICH, wie es von Assagioli in seinem Modell der Psychosynthese als Zentrum von Wahrnehmung und Wille (Wahlmöglichkeit) definiert wird, mit nichts identifiziert, Beobachter nicht nur der äußeren Welt, sondern auch der inneren Welt zu sein. Die Bewusstheit, Identifizierungen zu erkennen und sich davon zu lösen, macht es möglich, Verantwortung für sein Handeln zu übernehmen, was das wesentliche Merkmal eines reifen Erwachsenen ist. Leben im Hier und Jetzt wird in der Meditation geübt. Zur Praxis von Meditation, etwa als Übung für den Alltag, fanden Sie im Kapitel „Wege zum Selbst" im zweiten Teil Anregungen und Anleitungen.

Zum 5. Geheimnis schreibt John Izzo: „Noch eines führten mir die Gespräche vor Augen: dass sich viele von uns nach Verbundenheit nach etwas sehnen, dass größer ist als sie selbst. Wenn wir geben, stellt sich dieses Gefühl der Verbundenheit ein." Und ein wenig später: „Während ich Interviews führte, wurde ich von Außenstehenden oft gefragt, welche Rolle ‚Religion' oder ‚Spiritualität' im Leben von Menschen spiele, die von anderen als glücklich und zufrieden bezeichnet worden waren. Neigten die, die als besonders weise galten, eher zur ‚Religiosität'? Ich stellte jedoch fest, dass das, was diese Menschen gemeinsam hatten, nichts mit Religion im üblichen Wortsinn zu tun hatte. Vielmehr fühlten sie sich mit etwas verbunden, das größer war als sie selbst."

Darin drückt sich etwas zentral Wichtiges aus: Spiritualität basiert auf einem Bewusstseinszustand von Verbundenheit, nach der wir uns als Menschen sehnen. Sie überwindet die Illusion von Getrenntsein. Nur aus diesem Bewusstseinszustand kann die Aufforderung von Augustinus verstanden und auch umgesetzt werden: „Liebe und tue was du willst." Vor diesem Hintergrund wird das 5. Geheimnis „Geben Sie mehr als Sie nehmen!" verständlicher. Handelt man aus diesem Bewusstseinszustand, kann das Geben häufig mehr Freude bereiten als das Nehmen. Es ist diese tiefe Verbundenheit mit einem anderen Menschen, die uns beim Erleben der Freude des anderen zumindest genauso viel Freude empfinden lässt.

Die in der Befragung vermittelten Weisheiten für ein erfülltes Leben sind für Sie jetzt keine Geheimnisse mehr. Sie können dieses Buch als einen Begleiter auf Ihrem Lebensweg nutzen, um im Einklang mit diesen und weiteren Weisheiten zu leben, die es Ihnen nahe brachte. Richten Sie Ihr Leben nach den Prinzipien Ihrer inneren Wahrheit aus, werden Sie in dem Sinne leben, wie es Thornton Wilder in seinem Zitat formuliert hat, dass man sein Leben leben muss, um es lieben zu können.

Ich wünsche Ihnen, dass Sie am Ende Ihres Lebens sagen können, ich habe ein glückliches Leben geführt, weil ich mich bemüht habe, so zu leben, dass mein Leben beides war,

Lebenswert und Liebenswert

Danksagungen

Einen besonderen Dank möchte ich meinen Lehrern beim Psychosynthesis Trust in London aussprechen, im besonderen Diana Withmore, Judith Firman, Naona Beecher Moore, Piero Ferrucci und Massimo Rosselli. Sie haben in den drei Jahren meiner Ausbildung die Grundlage dafür geschaffen, dass ich das von Roberto Assagioli entwickelte Modell der Psychosynthese als Orientierungshilfe sowohl in mein eigenes Leben integrieren wie auch anderen Menschen weiter vermitteln kann.

Danken möchte ich auch den vielen Begleitern auf meinem spirituellen Weg, die ich zum Teil im Buch zitiert und im Anhang detaillierter beschrieben habe. Dabei gilt mein besonderer Dank Willigis Jäger und Richard Rohr, die mich nach meiner Hinwendung zum östlichen Zen wieder mit der abendländischen christlichen Kultur durch das Einbeziehen der christlichen Mystik ausgesöhnt haben.

Für die vielen Erfahrungen, die ich in diesen letzten 20 Jahren gemacht habe, ohne die ich es nicht gewagt hätte, dieses Buch zu schreiben, bedanke ich mich ganz herzlich bei den vielen Teilnehmern an meinen Seminaren, insbesondere auch für ihr Feedback zu dem, was Ihnen hier vermittelt wurde.

Zum Abschluss möchte ich mich noch ganz herzlich bei Natalie Nicola für ihre liebevolle Unterstützung bei der Umsetzung meines Skripts in die Texte dieses Buches bedanken. Sowohl ihr großartiges Einfühlungsvermögen als auch ihr starkes Interesse an den Themen des Buches haben zu wichtigen Fragen und zu wertvollen Anregungen geführt, die sowohl den Fluss des Textes als auch das Verständnis der Inhalte noch um einiges verbessert haben.

Anhang
Spiritualität und Religion

„Die Religion der Zukunft wird eine kosmische sein.
Sie sollte einen persönlichen Gott transzendieren
und Dogmen und Theologie vermeiden.
Indem sie sowohl das Natürliche
als auch das Spirituelle umfasst,
sollte sie auf einem religiösen Sinn beruhen,
der aus der Erfahrung aller natürlichen
und spirituellen Dingen
aus tiefer Einheit erwächst."

Albert Einstein

Häufig hört oder liest man, dass viele Menschen sich von den Religionen der Kirchen abwenden und zu einer neuen Art von Spiritualität finden. Ich bin vielen solcher Menschen begegnet, die unabhängig von den Religionen, mit denen sie aufgewachsen sind, etwas in ihrem Leben gefunden haben, das sich weniger von einem Glauben an etwas als aus eigenen Erfahrungen heraus entwickelt hat.

Diese Menschen kommen dann zu der Erkenntnis, dass man nicht zu einer Religionsgemeinschaft gehören muss, um ein spirituelles Leben zu führen, sie allerdings auch nicht verlassen muss, wenn man die Verantwortung für sein Leben selbst übernimmt und seinem wirklichen und nicht seinem anerzogenen Gewissen folgt.

Im Folgenden geht es darum aufzuzeigen, was die Unterschiede zwischen Religion und Spiritualität sind. Die Beschreibung dieser Unterschiede hat nicht den Anspruch auf Vollständigkeit und man muss auch nicht allen zustimmen.

Es geht in erster Linie um Gedankenanstöße, die helfen, seine Lebensweise neu zu überdenken und bei entsprechenden Einsichten dann auch etwas zu verändern.

Religion

Im ursprünglichen Sinne kommt Religion aus dem Lateinischen Wort: *religio*, wörtlich „Rückbindung". Auch zurückgeführt auf *religere*, „immer wieder lesen", oder *religare*, „zurückbinden"; frei übersetzt: „wieder verbinden [mit Gott]"). Diese Definition steht grundsätzlich nicht im Gegensatz zur Spiritualität.

Man verbindet Religion aber überwiegend mit einer Institution wie einer Kirche, die ihrer Religion einen Namen gibt. Diese Religionen werden als Weltreligionen bezeichnet. Da sind Christentum, Judentum, Islam, Hinduismus und Buddhismus, wobei Buddhismus sich in seiner Essenz von den anderen genannten Weltreligionen unterscheidet, weil es hier keinen Glauben an einen Gott gibt.

Diese Religionen

- beziehen sich auf einen Gründer,
- erwarten einen Glauben an einen persönlichen Gott,
- sind in sich geschlossene Gemeinschaften (Christen – Buddhisten – Muslime – Hindus etc.) mit Tradition und starker Identifikation, was wiederum Abgrenzung von anderen bedeutet.
- haben vorgegebene Glaubenssätze, Gebote und Verbote.
- glauben an etwas, was nach dem Tod geschieht, Himmel/Hölle –Wiedergeburt. Erwartung einer Belohnung oder Bestrafung nach dem irdischen Leben (jüngstes Gericht).

- haben Führer (Papst, Bischöfe, Lamas, Patriarchen u.a.) sowie Priester, Mönche, Nonnen. Häufig sind damit Weihen und/oder Gelübde verbunden.
- haben (heilige) Schriften als Grundlagen wie Bibel und Koran,
- haben überwiegend eine autoritäre Hierarchie.

Vorteile:

- Ethische Grundlagen (Liebe – Mitgefühl – soziales Empfinden)
- Gebetshäuser (wie Kirchen, Tempel, Moscheen)
- Rituale und Gottesdienste
- Gemeinde (Zugehörigkeit zu etwas)
- Soziale Einrichtungen
- Gemeinsame Aktivitäten
- Hymnen, Psalmen, Sutren u.a.
- Verbundenheit mit anderen in der gleichen Gemeinschaft
- (Vermeintliche) Sicherheit

Nachteile:

- Erwachsene werden häufig wie unmündige Kinder behandelt. Keine wirkliche Gewissensfreiheit.
- Verantwortung für das eigene Leben zu übernehmen wird nicht unterstützt.
- Missbrauch von Macht durch Schaffen von Ängsten, Zwängen und Schuldgefühlen.
- Negative Beeinflussung des Selbstwertgefühls. Der Mensch ist grundsätzlich Sünder und lädt Schuld auf sich. („Herr ich bin nicht würdig“, Bekenntnisse „durch meine Schuld ...“).

- Religionen grenzen ab: ‚Ich bin dies und du bist das.' Häufige Folge: Fundamentalismus, Fanatismus, Religionskriege „heilige Kriege". – Wir haben die Wahrheit – Unterscheidung zwischen Gläubigen und Ungläubigen, Christen und Heiden – Ziehen von Grenzen: ‚Ich gehöre dazu, du nicht.'
- Häufiges Handeln im Widerspruch zu dem, was sie fordern (predigen Liebe und handeln häufig lieblos)
- Was nahezu alle gemeinsam haben: Frauen sind minderwertiger als Männer und werden nicht zu hohen Ämtern zugelassen.

Diese Charakteristiken treffen überwiegend auf die westlichen Weltreligionen zu.

Spiritualität

- basiert auf einem Urtrieb im Menschen nach Einheit, Verbundenheit, Ganzheit, Geborgenheit und Liebe.
- verlangt dadurch im Kern die Überschreitung eines sich abgrenzenden und abgespaltenen „Egos".
- strebt an, statt an etwas glauben (zu müssen) ein „inneres Wissen" aus eigenen Erfahrungen erlangen, das zu mehr Vertrauen zu einem SELBST führt, das tief im Menschen als „innere Stimme" und als eine Art „innerer Führung" vernommen werden kann.
- überschreitet den personalen/rationalen Bewusstseinsraum (Verstand u. Denken) durch Einbeziehung eines transpersonalen / transrationalen Bewusstseinsraum, aus dem Intuition, Inspiration und Kreativität erfahren wird, durch die eine ganzheitliche Lebensweise möglich wird.

Vorteile:

- Übernehmen von Selbst-Verantwortung für sein Leben.
- Transkonfessionalität, da es keine Abhängigkeit von religiösen Instituten/Führern etc. gibt.
- Mystische/Transpersonale Erfahrungen bewirken ein „inneres Wissen".
- Mehr SELBST-Vertrauen resultiert in weniger Ängsten vor der Zukunft, dem Tod, dem Sterben und dem, was danach kommen könnte.
- Keine Abgrenzungen zu anderen Gemeinschaften aus der Wahrnehmung von Einheit und Verbundenheit.
- Eigene Bedürfnisse und die Bedürfnisse anderer Menschen haben den gleichen Stellenwert.
- Handeln aus Verbundenheit mit anderen Menschen, der Natur und Kreatur.

‚Nachteile':

- Verantwortung übernehmen müssen – man kann sich nicht mehr auf andere berufen.
- Mit sich selbst, seinem SELBST, der Stille in sich, in Kontakt sein zu müssen, was voraussetzt, sich Zeiten von Ruhe im meist hektischen Alltag einzurichten, zum Beispiel durch regelmäßige Meditation.
- Sich mit Fragen auseinandersetzen zu müssen, wie „Wer bin ich?", „Wozu bin ich hier?".

Spiritualität ist eng mit der Mystik verbunden, die es in allen Religionen gibt. Sie hatte und hat aber in den institutionellen Kirchen keinen hohen Stellenwert. Stattdessen dominiert die mehr auf Verstand und Denken basierende Theologie.

Die **transpersonale Psychologie**, wie die **Psychosynthese** nennt mystische Erfahrungen auch transpersonale Erfahrungen.

Fast jeder Mensch hat sie schon irgendwann einmal erlebt, in einem Naturerlebnis, in einer Beziehung oder auch in der Meditation. Sie überschreiten Zeit und Raum, vermitteln Glücksgefühle, die Grenzen des Ichs werden überschritten. Diese Erfahrungen bleiben unvergesslich. Sie führen zur wahren Spiritualität.

Spirituelles Leben

setzt folglich einen erwachsenen Menschen voraus, der

- die Verantwortung für sein Leben und Handeln aus einer Grundhaltung von Liebe zu sich selbst und zu anderen übernimmt.
- sich Raum und Zeit für Ruhe und innere Stille nimmt, in der er Kraft, Vertrauen und Klarheit für den Alltag schöpfen kann.
- „weiß", wer oder was er in seiner Essenz wirklich ist.
- frei ist von jeder Art von Fremdbestimmung.
- Vertrauen ins Leben hat, weil er in gutem Kontakt mit seiner inneren Stimme, seiner inneren Führung ist.

Spirituelles Leben kann man auch kurz mit der Aufforderung von Augustinus Aurelius ausdrücken: *„Liebe und tue, was Du willst!"*

Diese Grundhaltung schafft ein Gewissen, das nicht von äußeren Normen, Geboten und Verboten u.a. gebildet wird, sondern aus einer tiefen Verbundenheit mit Allem existiert.

Kann man Menschen, die aus einer spirituellen Grundhaltung leben, an bestimmten Verhaltensweisen erkennen? Die Antwort darauf birgt die Gefahr in sich, dass man sich dann bemüht, diese Verhaltensweisen anzustreben mit der Absicht, so wirken zu wollen. Und schon ist das Ego wieder im Spiel, das sich profilieren möchte.

Ich wage es trotzdem, bestimmte Merkmale bei einer spirituellen Lebensweise aufzuzeigen.

Diese Menschen

- strahlen überwiegend Ruhe, Gelassenheit und innere Heiterkeit aus.
- sind präsent und können gut zuhören.
- haben weniger Ängste und Sorgen.
- sind weniger verletzbar.
- wollen nicht rechthaben, sondern in erster Linie andere verstehen und verstanden werden.
- bewerten weniger und nehmen sich selbst und andere an, wie sie sind.
- sind meistens weniger krank, weil sie durch ihre Lebensweise und einem ausgeglichenen Energiehaushalt auch ihr Immunsystem stärken.

Diese Grundhaltung kann man nicht mental lernen, sondern sie ist das Ergebnis, aus diesem Geiste der Spiritualität, wie zuvor beschrieben, zu leben.

Zusammenfassung

Man könnte den Wandel von bisher verstandener Religiosität zu einer neu gelebten Spiritualität auch so ausdrücken, wie es Willigis Jäger formuliert hat:

Das alte Paradigma sagt:

> *„Ich bin ein Mensch, der eine spirituelle Erfahrung macht."*

Das neue Paradigma sagt:

> *„Ich bin ein spirituelles Wesen, das eine menschliche Erfahrung macht."*

Daraus folgt, dass der Mensch nicht eine Seele *hat,* sondern eine *ist.*

Häufig zitierte Autoren

Einige Autoren, auf die ich mich in diesem Buch häufig beziehe, die ich auch als meine persönlichen Wegbegleiter schätzen gelernt habe, stelle ich in diesem Anhang in alphabetischer Reihenfolge vor. Ihre Bücher finden sich im Literaturverzeichnis.

Roberto Assagioli und die Psychosynthese

Roberto Assagioli, 1888 – 1974, Italiener, war ein Pionier der transpersonalen Psychologie und Psychotherapie. Er war Arzt, Psychiater und Psychotherapeut und entwickelte die Psychosynthese.

Mit der Psychosynthese wollte Roberto die existierenden psychologischen Strömungen seiner Zeit, speziell die Psychoanalyse sowie die spirituellen Weisheitstraditionen in einer Synthese zusammenführen. Diese sollte sowohl im Hinblick auf die verwendete Sprache (Terminologie) wie auch die Konzeption für Menschen mit unterschiedlicher Weltanschauung, theoretischer Ausrichtung und kulturellem Hintergrund akzeptabel sein.

Er war zeitlebens bestrebt, ein analytisch-materialistisches Menschenbild mit einem humanistisch-spirituellen zu vereinen. Gleichzeitig empfand er das von jenen Psychologien propagierte Menschenbild als teilweise mangelhaft. Diesen Mangel versuchte er auszugleichen durch Einbeziehung der Lehren spiritueller Traditionen wie der christlichen, jüdischen, hinduistischen und buddhistischen, was ihm durch eine Vertrautheit mit diversen philosophischen und mystischen Traditionen wie der klassischen griechischen Philosophie (insbesondere der platonischen Lehren), der Kabbalah, der Veden oder der Lehren der christlichen Mystiker Meister Eckhart, Johannes vom Kreuz und Theresa von Avila ermöglicht wurde.

Die Psychosynthese ist somit eine Synthese aus diversen Schulen, Lehrgebäuden und Traditionen. Sie ist ein Konzept, das die wissenschaftlichen Erkenntnisse aus Medizin und Psychologie und die Weisheitslehren der Völker zusammenfügt zu einem Menschenbild, das die biologische Gebundenheit des Menschseins in einen größeren Rahmen der persönlichen Wahlfreiheit und Verantwortung einbindet und diesen wiederum in einen noch umfassenderen der spirituellen Verbundenheit und Teilhabe.

(Quelle: Wikipedia)

Willigis Jäger

* 1925, seit 1946 Benediktiner. Er gilt als einer der bedeutendsten spirituellen Lehrer unserer Zeit. Als Benediktiner ist er tief in der mystisch-kontemplativen Tradition des abendländischen Christentums verwurzelt und als Zen-Meister ist auch den radikalen östlichen Weg der Leere gegangen.

2001 erhielt er vom Vatikan ein Rede-, Schreib- und Auftrittsverbot. Später wurde die Ausübung jeder öffentlichen Tätigkeit untersagt. Er ließ sich von seinem Kloster beurlauben und wurde 2003 spiritueller Leiter des **Benediktushofes** in Holzkirchen in Unterfranken, wo er bis heute lebt und arbeitet.

(Quelle: Wikipedia)

Anthony de Mello

* 1931 in Indien, † 1987 in New York, war Jesuitenpriester und spiritueller Lehrer. Er studierte Philosophie, Theologie und Psychologie und gründete das *Sadhana Institute* in Lonavia (ursprünglich: *Institute of Pastoral Counseling and Spirituality).* Vor allem war er ein multikulturell geprägter Lehrer, der auf humorvolle Art und Weise lebenspraktische Weisheiten und Erzählungen aus allen religiösen Lehren vermittelte.

(Quelle: Wikipedia)

Richard Rohr

* 1943, aufgewachsen in einer deutschstämmigen Familie, ist ein US-amerikanischer Franziskaner-Pater, Prediger und Autor spiritueller Bücher. Er war in den 1970er Jahren als junger US-amerikanischer Franziskaner-Pater eine der führenden Persönlichkeiten der charismatischen Bewegung in den USA, in der er sich für eine Erneuerung und Belebung des Christentums eingesetzt hat. Quellen seiner Inspiration sind neben Jesus Christus, Franz von Assisi, Meister Eckhart, Dietrich Bonhoeffer, Carl Gustav Jung und auch östliche Sufi- und Zen-Traditionen. (Quelle: Wikipedia)

Eckhart Tolle

ist weltweit zu einem spirituellen Lehrer geworden, der viele Menschen in unserer Kultur anspricht. Er wurde in Deutschland geboren und lebte später in England, wo er an den Universitäten London und Cambridge studierte. Als er neunundzwanzig Jahre alt war, löschte eine tiefe spirituelle Transformation seine alte Identität praktisch aus und führte zu einer grundlegenden Wandlung seines Lebens.

(Quelle: Rückseite „Jetzt! Die Kraft der Gegenwart")

Stephen H. Wolinsky

wurde in New York geboren. Er ist direkter Schüler von Sri Nisargadatta Maharaj und lebte fast sechs Jahre lang in Indien. Er ist ein Gründer der Quanten-Psychologie (einer Integration von westlicher Psychologie, Non-Dualität des Advaita-Vedanta, Quantenphysik, Neuro-Wissenschaften und Buddhismus). Er ist der Autor zahlreicher Bücher.

Literaturverzeichnis

Assagioli, Roberto: *Psychosynthese, Handbuch der Methoden und Techniken. rororo (1993)*

Byron, Katie: *The Work of Byron Katie.* Center for the Work of Byron Katie, Köln (1999)

Chopich, Erika J. und Paul, Margaret: *Aussöhnung mit dem inneren Kind.* Bauer Verlag (1993)

de Mello, Anthony: *Zeiten des Glücks.* Herder (2004)

Der springende Punkt. Herder (2002)

de Montaigne, Michel: *Essays* – Reclam (1992)

Dürckheim, Karl Friedrich Graf: *Vom doppelten Ursprung des Menschen.* Nordländer Verlag (2009)

Meditieren – Wozu und wie. Nordländer Verlag (2009)

Dürr, Hans Peter – Interview im P.M. Magazin (Mai 2007)

Einstein, Albert: *Mein Weltbild.* Ullstein(1991)

Frankl, Viktor E.: *Der Mensch vor der Frage nach dem Sinn.* Piper (1985)

Freud, Sigmund: *General Introduction to Psychoanalysis.* New York Garden City, Publishing Co (1938)

Gasset y, J. Ortega: *Der Aufstand der Massen.* DVA (2002)

Gebser, Jean: *Ursprung und Gegenwart.* Novalis (1990)

Hanh, Thich Nhat. *Wunder der Achtsamkeit.* Theseus Verlag (2009).

Harris, Thomas A: *I'm OK – you're OK.* Pan Books (1983)

Hebbel, Friedrich: *Tagebücher.* Stuttgart: Reclam (1963)

Heidegger Martin: *Was ist Metaphysik?* Vittorio Klostermann (2007), S.44f

Hesse, Hermann. *Glasperlenspiel.* Suhrkamp (1972)

Huang Po/(P'eiHsiu): *The Zen Teaching of Huang Po.* Grove Press (1959)

Hüther, Gerald: Die Freiheit ist ein Kind der Liebe. Kreuz Verlag (2012)/ *Hosang Maik*: Die Liebe ist ein Kind der Freiheit. Kreuz Verlag (2012) S.61

Jäger, Willigis: *Geh den inneren Weg.* Herder Spektrum (1999)

Die Welle ist das Meer. Herder Spektrum (2000)

Wiederkehr der Mystik. Herder Spektrum (2005)

Ganz Mensch sein. Audio CD – Audiobook (2006)

Die Weisheit Jesu. Vier Türme Verlag (2015)

Jung, C.G. *Lärm als Krankheitssymptom der westlichen Kultur* – Brief an Prof. Oftinger (1957)

Kabatt – Zinn, Jon/ Ulrike Kesper-Grossmann: Die heilende Kraft der Achtsamkeit. Arbor Verlag 2004

Buch und 2 CDs (u.a. Anleitung zum Bodyscanning)

Izzo, John: *Die fünf Geheimnisse, die Sie entdecken sollten, bevor sie sterben.* Goldmann (2010)

Lama Govinda. *Buddhistische Reflektionen, O.W. Barth (1983), Seite 98*

May, Rollo, PH.D.: *Love and Will.* New Delta Edition, 1989, S.183

Maslow, Abraham. *Motivation and Personality* (1954)

Nietzsche, Friedrich: *Jenseits von Gut und Böse.* Reclam (1989)

Nisargadatta Maharaj u. Maurice Frydman: *ICH BIN – 1. Teil.* J.Kamphausen (2014)

Piron, Harald: *Transpersonale Verhaltenstherapie*, Verlag Via Nova (2007)

Reuter, Edzart. *Egorepublik Deutschland.* Campus Verlag (2013)

Ricard, Matthieu/Singer Wolf: *Hirnforschung und Meditation – Ein Dialog.* Suhrkamp (2008)

Rohr, Richard: *Das Falsche und das Wahre Selbst.* Herder (2013)

Ins Herz geschrieben. Herder (2008)

Sartre, Jean-Paul: *Essays: Aesthetics by Jean-Paul Sartre.* Open Road Media (2012)

Schleiermacher, F.: *Über die Religion – Reden an die Gebildeten unter ihren Verächtern.* Reclam(1997)

Schopenhauer, Arthur: *Die Welt als Wille und Vorstellung.* Reclam (1987)

Schumacher E.F.: *Rat für die Ratlosen.* Rowohlt (1979)

Sulzer, J. : *Versuch von der Erziehung und Unterweisung der Kinder.* Zitiert nach: Miller, Alice: *Am Anfang war Erziehung.* Suhrkamp (1983)

Tolle, Eckhart: *Jetzt! Die Kraft der Gegenwart.* J. Kamphausen (2002)

Stille inmitten der Welt. Findhorn Foundation (2005)

Stille spricht: Wahres Sein berühren. Goldmann (2003)

Walsch, Neale Donald. Gespräche mit Gott. Arkana (2006)

Wilber, Ken: *Vom Tier zu den Göttern.* Herder Spektrum (1997)

Wolinsky, Stephen: *The Way of the Human – Volume 2 – The False Core and the False Self.*

Die Essenz der Quantenpsychologie. VAK Verlag (2007)

Weitere Quellen

Sendungen SWR-2 – Tandem/Aula/Wissen

Allein und doch nicht einsam – Autor und Sprecher: Margit Irgang (gesendet: 5.Mai 2010)

Rene Descartes und das Problem der Gewissheit – Autor und Sprecher: Prof. Wilhelm Vossenkuhl (gesendet: 28. April 2013)

Selbstentfremdung bei Rousseau – Autorin Barbara Zillmann (gesendet 26. Juni 2012)

Albert Schweizer – Die Ehrfurcht vor dem Leben – Autor Rolf Beyer (gesendet 27. Juni 2013)

Das Gehirn ruht nie – Autor: Martin Hubert (gesendet 10.4.2013)

Gespräch mit dem Dalai Lama: Weisheit lernen von Buddha. *3Sat*, gesendet 18.8. 2010

Internetquellen

Aphorismen.de: Nicolas de Chamfort, Aufruf am 18.12.2015

Planet-Schule: *Das automatische Gehirn: Die Magie des Unbewussten.* Aufruf am 18.12.2015

izQuotes.com: Quotes of Jean Paul Sartre – Aufruf am 30.11.2015

Enominepatris.com: Einstein-Zitate – Aufruf am 18.12.2015

Wikipedia

Philosophie – Aufruf am 15.09.2015

101 Zen Stories – Aufruf am 18.12.2015

Spiritualität – Aufruf am 18.12.2015

Sonstiges

Psychosynthesis and Education Trust London – Aufzeichnungen während der Ausbildung (1991 – 1993)

Quantum Psychologie : Notizen bei Seminaren in Kirchzarten (2002 – 2004) mit Stephen Wolinsky

Nuber, Ursula: Die schwierige Kunst ein Erwachsener zu sein. In: *Psychologie heute* (April 2001)

Gerst, Alexander. Zitiert nach *Rhein-Zeitung*, November 2014

Über den Autor

Hans Piron war über viele Jahre im Management eines großen internationalen Konzerns tätig. Regelmäßige Meditation und die dabei gemachten Erfahrungen bewirkten sein Interesse an der Transpersonalen Psychologie und an dem von Roberto Assagioli entwickelten ganzheitlichen psycho-spirituellen Modell der Psychosynthese. 1991 begann er eine dreijährige Ausbildung zum Psychosynthese-Therapeuten beim Psychosynthesis & Education Trust in London. 1996 gründete er das ZENtrum für Psychosynthese und Meditation im Westerwald mit einem umfangreichen Seminar-Programm auf Basis der Psychosynthese. Darüber hinaus arbeitet er als Psychotherapeut (HPG) in Einzelgesprächen.

www.zentrum-fuer-psychosynthese.de
www.neues-bewusstsein-leben.de